||| 5.

||| 6.

||| 7.

||| 8.

WAS WURDE AUS DEN GRÜNEN?

WAS WURDE AUS DEN GRÜNEN?

EINE SPURENSUCHE VON ANDREAS WABL

Aufgeschrieben
von Stephan Wabl

KREMAYR & SCHERIAU

Inhaltsverzeichnis

11 Vorwort

I I I **Kapitel I**

15 Alternative aller Bundesländer vereinigt euch
Die Grünen am holprigen Weg ins Parlament

34 „Dafür haben wir die Grünen nicht gegründet!"
Gespräch mit Johannes Voggenhuber

I I I **Kapitel II**

41 Einzug in das Raucherkammerl
Die Grünen im Parlament als Angriff auf das
Machtsystem

59 „Es ist keine Schande, die Grünen zu wählen"
Gespräch mit Heinz Fischer

I I I **Kapitel III**

65 Richtig Streiten!
Warum die Grünen regelmäßig vor der Selbstzerfleischung stehen

83 „Die Grünen sind politisch gescheitert"
Gespräch mit Peter Pilz

I I I **Kapitel IV**

89 Die Welt gestalten, Hoffnungen enttäuschen
Setzen die Grünen an der Macht um, was sie
versprechen?

104 „Nicht zu regieren, wäre feig"
Gespräch mit Sigi Maurer

I I I Kapitel V

111 Sind die Grünen noch Verbündete?
Die Straße, die Zivilgesellschaft und die Grünen

126 „Viele sind von den Grünen enttäuscht"
Gespräch mit Lena Schilling

I I I Kapitel VI

131 Message Control und die Hakenkreuzfahne
Wo sind die starken Bilder der Grünen?

144 „Am Ende war ich ausgebrannt"
Gespräch mit Eva Glawischnig

I I I Kapitel VII

151 War es das wert?
Die Zukunft der Grünen und ein Leben für die Politik

163 „Nicht sicher, ob Regierung mehr bringt als Opposition"
Gespräch mit Werner Kogler

170 Danksagung

171 Endnotenverzeichnis

178 Personenregister

I I I I I I I I I I I I I I I I

Fast alles, was ich als Kind liebte, ging verloren. Der Mühlgang, einer der schönsten Abenteuerbadeplätze, wurde gesperrt. Die Abwässer aus den umliegenden Fabriken und Haushalten hatten dazu geführt, dass unsere Haut verätzt wurde. Die Bäche, in denen wir spielten und kleine Fische fingen, wurden reguliert. Wir fanden keine Barsche oder Schlammbeißer mehr in ihnen. Die Radwege durch den Wald wurden breit geschottert und es verschwanden die Pfützen, die den Unken mit ihren gelb gefleckten Bäuchen ein Zuhause boten. Die Straße vor dem Schulhaus, in dem ich mit meinen Eltern und vier Brüdern gelebt hatte, wurde zu einer langen Schlange aus Fahrzeugen. Als Staub und Lärm nicht mehr auszuhalten waren, wurde eine Autobahn durch die umliegenden Felder und Wälder gebaut. Schritt für Schritt wurden die Lebensräume von Tieren, Pflanzen und uns Kindern zerstört.

Ungefähr zur gleichen Zeit – ich war gerade zehn Jahre alt – wurde ich auf das Gymnasium in Graz geschickt. Im Internat, in dem nur Burschen waren, habe ich rasch gelernt, wie Politik funktioniert. Wir wurden in „Familien" zu je 20 Zöglingen eingeteilt und jede Gruppe wählte einen Sprecher. Innerhalb meiner Gruppe fiel die Wahl mit großer Mehrheit auf mich – sehr zum Missfallen des Erziehers. In einer eindringlichen Ansprache stellte er infrage, ob ich wirklich die richtige Wahl wäre. Er ließ nochmals wählen und ich bekam nur mehr zwei Stimmen – jene meines besten Freundes und meine eigene. Die Wahl hat mir gezeigt, wie Macht in Österreich funktionierte. Diese beiden Erfahrungen – die Zerstörung unserer Lebensräume und das Missachten der Demokratie – haben mich früh zu einem politischen Menschen gemacht. Es war diese politische Prägung, die mich Jahre später zu den Grünen und in den Nationalrat gebracht hat.

Als ich rund um die Regierungsbeteiligung der Grünen im Jänner 2020 im Abstellraum meines Bauernhauses alte Kartons mit

Fotos, Zeitungsartikeln und Plakaten durchforstete, hat mich eine Frage beschäftigt: Bin ich der Einzige, der noch übrig ist? Nein, ich bin nicht der einzige Grüne, den es noch gibt. Im Parlament und in der Regierung sitzen so viele Grüne wie noch nie zuvor. Auch Wähler:innen der Grünen gibt es – da bin ich mir sicher. Aber von jenen acht, die im Jahr 1986 erstmals in den Nationalrat eingezogen sind, bin ich tatsächlich der letzte, der noch bei den Grünen ist. Alle anderen haben sich von der Politik zurückgezogen, sich komplett mit den Grünen verworfen oder sind nicht mehr am Leben. Dieses Dasein als Rarität, zudem ich aktiv nichts beigetragen habe, war der Anlass, mich zu fragen, was aus den Grünen geworden ist. Aus der Euphorie und den Idealen der Anfangszeit, den Verletzungen und Kränkungen, den Erfolgen und Errungenschaften. Aber auch: Wohin die Reise der Grünen führen soll. Das wollte ich nicht alleine tun. Ich habe daher alte Kampf- und Weggefährt:innen eingeladen, mir zu erzählen, warum sie von den Grünen enttäuscht sind. Ich habe junge Aktivist:innen getroffen, um herauszufinden, warum die Grünen nicht ihre Partei sind. Ich habe den Vizekanzler gefragt, wie es ist, als Grüner der ersten Stunde in einer Regierung zu sein und ständig hören zu müssen, er würde die Werte der Grünen verkaufen. Verbunden habe ich diese Gespräche mit meinen Erinnerungen, Anekdoten und Gedanken zu 50 Jahren Grün-Bewegung in Österreich. Entstanden ist eine Spurensuche, die der Frage nachgeht, ob es das wert war – für die Grünen und für mich selbst. Vollständig ist meine Antwort natürlich nicht. Das war auch nicht mein Anspruch. Mit der Auswahl meiner Gesprächspartner:innen habe ich dennoch versucht, vielfältige Stimmen zu Wort kommen zu lassen. Die Gespräche habe ich gemeinsam mit meinem Autor Stephan Wabl geführt. Wiedergegeben haben wir sie – aus Gründen der Lesbarkeit – als Dialog zwischen meinem Gegenüber und mir.

Die Grünen waren immer auch eine Bewegung, an der tausende engagierte Menschen beteiligt waren. Ohne sie würden die Grünen wahrscheinlich gar nicht mehr existieren. Auch daran möchte ich mit diesem Buch erinnern, auch wenn der Lauf der Geschichte viele Spuren verwischt hat.

„Ist aus der Grünen Ideologie eine Machtpartei geworden?" Diese Frage höre ich häufig, seitdem die Grünen in der Regierung sind. Mir wurde dieselbe Frage gestellt. In einer ORF-Pressestunde im März 1990.[1] Mehr als drei Jahrzehnte später werden wir Grüne immer noch mit den gleichen Fragen konfrontiert:

Steht die Partei noch für die alten Ideale? Haben die Grünen die Jugend von heute verloren? Was ist aus dem grünen Kampfgeist geworden?

Finden wir es heraus. Solange ich noch übrig bin.

Andreas Wabl
Großklein im August 2023

Kapitel I

Alternative aller Bundesländer vereinigt euch

Die Grünen am holprigen Weg ins Parlament

Österreich im Sommer 1982. Die Mur ist einer der dreckigsten Flüsse Europas, die Fußballnationalmannschaft mit Herbert Prohaska und Hans Krankl kämpft bei der WM in Spanien um den Einzug in das Halbfinale, SPÖ und ÖVP haben gemeinsam 172 von 183 Sitzen im Nationalrat, Niki List feiert mit seiner New-Wave-Komödie „Café Malaria" seinen ersten Kinoerfolg und im Radio singt Udo Jürgens in seinem Lied „5 Minuten vor 12" über Betonwüsten und das Waldsterben: „Und ich sah einen Wald, wo man jetzt einen Flugplatz baut. Ich sah Regen wie Gift, wo er hinfiel, da starb das Laub. Und ich sah einen Zaun, wo es früher nur Freiheit gab. Ich sah grauen Beton, wo vor kurzem die Wiese lag. Und ich sah einen Strand, der ganz schwarz war von Teer und Öl."

Udo Jürgens war nie mein Lieblingsmusiker, aber dieses Lied ist mir bis heute in Erinnerung. 40 Jahre später wird die Umweltbewegung Fridays for Future den Song bei ihren Aktionen wieder aufgreifen.

I I I Grüner Wind in einem grauen Land

Als „5 Minuten vor 12" noch nicht lange im Radio läuft, bin ich mit meinem Bruder Christian auf dem Weg nach Wien zur damals größten Demonstration der Zweiten Republik. Am 15. Mai 1982 versammeln sich 70.000 Menschen aus ganz Österreich in der Hauptstadt, um unter dem Motto „Den Atomkrieg verhindern! Abrüsten!" im Kalten Krieg ein Zeichen für den Frieden zu setzen. Ich arbeite als Volksschullehrer in der Südsteiermark, bin 31 Jahre alt und in der Dorfpolitik aktiv, engagiere mich in der Umweltbewegung und bin wie viele andere nach Wien zur Demonstration angereist. Im Sternmarsch vom Westbahnhof, Praterstern, Südbahnhof und Franz-Josefs-Bahnhof setzt sich die Menge unter blauem Himmel Richtung Rathausplatz in Bewegung. Die unterschiedlichsten Menschen – Hippies, Pensionist:innen, Student:innen, Punks, Arbeiter:innen und Beamt:innen – halten Transparente in die Höhe mit Sprüchen wie „Donawitz gegen Rüstungswahnsinn", „Sät Cannabis statt Hass" oder „Zerstört das Patriachat, bevor es Mutter Erde zerstört".

Gerufen werden Parolen wie „Im Westen und im Osten, die Waffen sollen verrosten" oder „Hopp, hopp, hopp, Atomraketen stopp!" Eine ältere Dame – Perlenohrstecker, schicke Armbanduhr, modische Brille – ist an diesem Tag aus antikapitalistischen Motiven auf die Straße gegangen. „Wir wissen, Kapitalismus trägt den Keim Krieg in sich. Die können nur zusammenschlagen und aufbauen. Das ist ihre Arbeitsbeschaffung. Da bin ich dagegen", erklärt sie und genießt ihr Stanitzel Eis. „Für mich ist es eine grundlegende Angelegenheit, für den Frieden einzutreten", legt wiederum ein Mann im dunklen Anzug seine Gründe dar, warum er heute dabei ist. Seine Krawatte hat er vorbildlich gebunden, das Eisenbahnerkapperl sitzt gut. „Endlich lebt Wien einmal auf", freut sich eine junge Frau mit lässigem Pony-Haarschnitt, die mit zig anderen einen buntbemalten Plastikwal in der Luft trägt. Ihr Anliegen: „Wale statt Atom-U-Boote."

Es ist eine beeindruckende Zusammenkunft an diesem sonnigen Tag im Mai: laut, bunt, ernst, fröhlich, lebendig.[1] Wir spüren: Es tut sich was im grauen Österreich der Nachkriegszeit.

Ich marschiere gut gelaunt über die Wiener Ringstraße und treffe in der Menge zufällig zwei alte Bekannte: Josef Cap, Vorsitzender der Sozialistischen Jugend und im Parteivorstand der SPÖ, und Alfred Gusenbauer, junger Politik-Student und SPÖ-Schriftführer. Die Partei der beiden Jungpolitiker ist mir bestens vertraut, da mein Vater zu dieser Zeit SPÖ-Bürgermeister in Kalsdorf bei Graz ist und mein älterer Bruder Martin für die SPÖ im Bundesrat sitzt. Gleichzeitig formieren sich in ganz Europa zahlreiche Grünparteien, da die alten Volksparteien den Fragen unserer Zeit immer hilfloser gegenüberstehen. Trotz des frischen, grünen Windes frage ich Cap und Gusenbauer inmitten der Friedensdemonstration, ob die SPÖ nicht neue Kräfte aus der Umweltbewegung für die Modernisierung ihrer Partei brauchen könne. Cap – schick in hellem Sakko gekleidet und im André-Heller-Stil ein blau-grünes Tuch um den Hals gebunden – antwortet auf meine Frage etwas herablassend:

„Weißt eh, Wabl, die SPÖ hat 600.000 Mitglieder. Ein Mitglied mehr oder weniger macht da keinen Unterschied."

Aus Caps Aussage spricht die Überheblichkeit des politischen Systems: Kanzler Bruno Kreisky regiert mit einer absoluten Mehrheit, die SPÖ ist eine der größten Parteien Europas und ihre Vorfeldorganisationen wie Gewerkschaft oder Arbeiterkammer sind mächtige Instrumente zur politischen Durchsetzung. Wachstum, Industrie und Energieverbrauch sind Teil ihrer DNA. Die ÖVP – immerhin die Partei der Schöpfung – ist ebenfalls mit der neuen Zeit überfordert. Die Massenlandwirtschaft schädigt die Natur und die Industriellenvereinigung sowie die Wirtschaftskammer haben kein Interesse daran, Wirtschaftswachstum und Ressourcenverbrauch durch Fragen der ökologischen Nachhaltigkeit zu gefährden. Fast 40 Jahre nach dem Ende des Zweiten Weltkriegs lebt unser Land zwar im Wohlstand, aber der Preis dafür ist hoch. Für Viele zu hoch, wie die Demonstration in Wien zeigt. „Die Grenzen des Wachstums", wie der 1972 von der Forscherorganisation Club of Rome veröffentlichte Bericht zur Zukunft der Weltwirtschaft heißt, sind unübersehbar.

Es ist Zeit, neue Wege zu wagen. Die 70.000 Menschen, die im Mai 1982 in Wien auf die Straße gehen und für Frieden, Gleichberechtigung, Umweltschutz und soziale Gerechtigkeit demonstrieren, sind – so wie ich – auf der Suche nach einer politischen Alternative. Als mein Bruder Christian und ich am Abend nach der Demonstration wieder auf dem Weg in die Südsteiermark sind, wird mir endgültig klar, dass sich diese Alternative nicht innerhalb der regierenden Parteienlandschaft aus SPÖ und ÖVP verwirklichen lässt. Die dritte Kraft im Parlament, die FPÖ, kommt für mich ohnedies nicht infrage. Eine neue Partei ist nötig, die den Tausenden Menschen auf der Demonstration – der Frau mit dem Pony-Haarschnitt, der Dame mit den Perlenohrsteckern und dem Mann mit dem Eisenbahnerkapperl – eine alternative politische Heimat bieten würde können. Eine Kraft, die auf der einen Seite die Vernetzung der damals zahlreichen

Bürger:innenbewegungen bewerkstelligen kann, auf der anderen Seite aber auch bei Wahlen am Stimmzettel steht, um konkrete Politik und Gesetze umzusetzen.

III Die Alternativen tun sich zusammen

Sechs Monate nach der größten Demonstration der Zweiten Republik ist es am 5. November 1982 soweit und ich sitze im Minoritensaal in Graz, um mit zahlreichen Gleichgesinnten die „Alternative Liste Österreich" (ALÖ) zu gründen – die Vorgängerpartei der Grünen. Unser bescheidenes Ziel: die Welt zu verändern. Im Großen wie im Kleinen. Sofort und nachhaltig. Armut in der Dritten Welt? Beenden. Plastikflaschen und Aludosen? Abschaffen. Weltfrieden? Sofort umsetzen. Das Patriarchat? Abschaffen. Waldsterben? Beenden. Transitverkehr in Tirol? Einschränken. Luftverschmutzung durch die VÖEST? Beenden. Gleichberechtigung für Schwule und Lesben? Sofort umsetzen. Schnellere Straßenbahnen in Graz? Aber flott. Atomkraft? Verbieten. So vielfältig die Themen, so vielfältig sind auch wir an diesem grauen Novembertag in Graz: laut, bunt, widersprüchlich. Aber ist dieser widersprüchliche Haufen auch in der Lage, eine schlagkräftige Partei zu gründen? Darauf gibt es nur eine Antwort: loslegen und herausfinden.

Einen alternativen politischen Weg zu gehen, brauchte damals in Österreich besonderen Mut. Das Land war nach dem Nazifaschismus noch tief gefangen in autoritären und verknöcherten Strukturen. Sich persönlich als „Alternativer" zu exponieren, hatte häufig negative Konsequenzen am Arbeitsplatz oder im Umgang mit Behörden. Das bekam auch ich zu spüren. Nach dem Abschluss an der Pädagogischen Akademie in Klagenfurt arbeitete ich seit den späten 1970er-Jahren als Volksschullehrer in St. Peter am Ottersbach in der Südsteiermark. Ich wohnte mit meinem jüngeren Bruder Bernhard, der damals ebenfalls Lehrer war, in der Nähe der Schule, wo es eines Abends an unserer Haustür klopfte. Ich öffnete und war etwas erstaunt, als der Gendarmeriekommandant aus St. Peter am

Ottersbach samt Gefolgschaft vor der Tür stand. „Hausdurch-
suchung!", hieß es kurz und knapp. Bereitwillig ließ ich die Herren gewähren und sie nahmen unser Haus unter die Lupe. Nach
einigen Minuten fragte ich dann doch, was der Grund ihres Be-
suches sei. „Wir suchen eine Angel", war die Auskunft. „Eine
Angel?", reagierte ich verdutzt. Ich hatte mit Fischerei nichts
am Hut, aber – so wurde mir mitgeteilt – in St. Peter waren am
Tag zuvor 600 Forellen gestohlen worden und ich war einer der
Hauptverdächtigen. Nachdem die Suche nach dem potentiellen
Diebeswerkzeug in unserem Haus erfolglos verlaufen war, stellte ich dem Gendarmeriekommandanten die rhetorische Frage,
was ich denn, bitteschön, mit 600 Forellen anfangen sollte. „Herr
Wabl, das habe ich mich auch gefragt", antwortete mir der rüsti-
ge Mann in Uniform. So amüsant die Geschichte 40 Jahre später
klingen mag, so zeigt sie auch, welcher Geist damals herrschte.
In Deutschland wurde zu dieser Zeit infolge der RAF-Anschläge
die Rasterfahndung eingeführt, in Österreich ging kein Treffen
der Grünalternativen ohne Beobachtung durch die Staatspolizei
über die Bühne. Als „Alternative" mussten wir zwar im Vergleich
zu Deutschland nicht unbedingt fürchten, dass spätnachts die
eigene Wohnung gestürmt wird. Aber zumeist reichten schon
lange Haare, um als Verdächtiger ins Visier der Exekutive zu
geraten. Mein Wuschelkopf musste den Behörden offenbar ein
besonderer Dorn im Auge gewesen sein. Uns war also klar, dass
die Gründung einer alternativen Partei auf starken Widerstand stoßen würde. Aber zunächst mussten wir unsere eigenen
Widersprüche und Widerstände in den Griff bekommen. Das
war mühsam genug.

I I I Graz als zentraler Ort der Grünbewegung

Graz war ein naheliegender Ort für die Gründung der „Alternativen Liste Österreich" (ALÖ). Bereits eine Woche nach der
Volksabstimmung über das Kernkraftwerk Zwentendorf kam
es im November 1978 auf Einladung der „Erklärung von Graz" –
ein Verein, der sich für die solidarische Entwicklung mit den
Ländern des Südens einsetzte – zum ersten österreichweiten

Treffen alternativer Bewegungen. Im Zuge der Proteste gegen Zwentendorf[2] war die Anti-AKW-Bewegung Ende der 1970er-Jahre in ganz Österreich ein wichtiger politischer Faktor geworden. Freda Meissner-Blau, die 1986 die erste Klubobfrau der Grünen im Nationalrat wurde, hatte im Windschatten der Proteste gegen Zwentendorf erste Bekanntheit erlangt. Damals war sie noch SPÖ-Mitglied. Die Abstimmung am 5. November 1978 ging ganz knapp mit 50,5 Prozent der Stimmen gegen die Inbetriebnahme des Kernkraftwerkes aus. Eine herbe Niederlage für Bundeskanzler Bruno Kreisky und die SPÖ, die den Bau mit der Schaffung von Arbeitsplätzen, Wirtschaftswachstum und steigendem Energiebedarf zu rechtfertigen versuchte. Die ÖVP konnte sich aus wahltaktischen Gründen lange nicht entscheiden, ob sie für oder gegen das Kernkraftwerk war. In dieses Vakuum stieß die Ökologie- und Anti-AKW-Bewegung und hatte mit Zwentendorf einen konkreten Ort, an dem sie ihre Ideen festmachen konnte. Auch wenn die Protestbewegung alles andere als eine homogene Gruppe war und von rechts-konservativen Naturschützer:innen bis zu linksradikalen Antikapitalist:innen ein breites Spektrum umfasste. Der Protest gegen das Kernkraftwerk brachte Menschen aus allen Parteien und Lagern zusammen. Graz war damals als Student:innenstadt Anziehungspunkt vieler AKW-Gegner:innen und alternativ Gesinnter. Gleichzeitig war die steirische Landeshauptstadt die „Feinstaubhauptstadt" Österreichs. Ökologische Themen waren in Graz sowohl Teil des täglichen Stadtlebens als auch des theoretischen Diskurses.

Das alternative Milieu in Graz war mir bestens bekannt. Als Schüler habe ich viele Jahre in Graz verbracht und mehrere Schulen besucht – unter anderem die Bundeserziehungsanstalt Liebenau, eine gefürchtete Internatsschule. Nach der Matura besuchte ich die Pädagogische Akademie in der steirischen Landeshauptstadt, aus der ich allerdings nach einigen Verwerfungen mit dem Direktor rausgeschmissen wurde. Durch meinen älteren Bruder Matthias hatte ich schon als Schüler Kontakt mit den „Alternativen" der Stadt. Als Mitglied der Grazer 1968er-Gruppe „Die Aktion" setzte er sich für mehr Mitsprache und Demokratie an der Universität ein. In der Folge trafen sich seit den frühen 1980er-Jahren jeden Mittwoch engagierte Leute aus der Ökologie-, Alternativ- und Friedensbewegung in der „Dezentrale für Alternativen" am Färberplatz im Stadtzentrum – ein offenes Forum für Diskussionen und Veranstaltungen. Obwohl ich zu diesem Zeitpunkt bereits in der Südsteiermark lebte, nahm ich halbwegs regelmäßig an den Treffen in der „Dezentrale" teil. Am 5. November 1981 – genau drei Jahre nach der Abstimmung über Zwentendorf – fand schließlich das Gründungstreffen der „Alternativen Liste Graz" (ALG) mit 200 Leuten im Minoritensaal statt. Mit dabei: Werner Kogler. Die ALG beschrieb sich selbst als „eine bunte lebendige Mischung aus alten ‚Bürgerinitiativ-Kämpfern', Hausfrauen und Studenten/innen, bis hin zu ganz ‚normalen Unzufriedenen'. Wir betrachten uns als eine Art ‚kommunalpolitischer Feuermelder' für Aktivbürger und Bürgerinitiativen gegenüber der (ohn-)mächtigen Rathauspolitik. Wir sind die Alternative zur ewiggestrigen Einheitspartei SPÖVPFPÖ. Die Alternative Liste Graz versteht sich als ein Teil der weltweit sich entfaltenden Ökologie- und Friedensbewegung."[3] Gleichzeitig stellten meine alternativen Freund:innen aus Graz aber auch fest: „Wir haben [...] nichts zu tun mit diversen, aus Wien oder Salzburg ferngesteuerten ‚Grünen', bei denen man sich fragen muß, warum sie sich eigentlich grün nennen."

Was war damit gemeint? Den Grazer:innen waren die alternativen Gruppen in Wien oft zu dogmatisch. Die Alternativen in Salzburg wiederum waren den Freund:innen in der Steiermark häufig zu konservativ. Bevor die Grünen überhaupt eine österreichweite Partei wurden, war die Bewegung bereits von Widersprüchen und Grabenkämpfen gezeichnet. Der bunte Haufen brachte zwar viel Farbe und Energie in die politische Auseinandersetzung, strebte aber immer wieder in unterschiedliche Richtungen und lief ständig Gefahr, sich selbst aufzureiben. Vor allem die unterschiedlichen Vorstellungen der „Alternativen Liste Graz" (ALG) und der „Alternativen Liste Wien" (ALW) sollten die ersten Jahre der Partei prägen und immer wieder Zerwürfnisse innerhalb der eigenen Reihen hervorrufen. Ich selbst war damals als „Grüner vom Land" Vorstandssprecher der „Alternativen Liste Steiermark" (ALS), die als Landespartei der „Alternativen Liste Österreich" (ALÖ) fungierte. Klingt kompliziert? Willkommen bei der Gründung der Grünen!

I I I Verstreut in allen Bundesländern

Grüne Bürger:innenbewegungen gab es zur Zeit der Gründung der „Alternativen Liste Österreich" aber nicht nur in den großen Städten, sondern im ganzen Land. In Schwanenstadt in Oberösterreich wurde 1979 die „Partei für Umweltschutz und Menschlichkeit" (PUM) von Heini Staudinger gegründet. Rudi Anschober war bereits als Jugendlicher bei der PUM aktiv. In Steyregg bei Linz erreichte die „Bürgerinitiative für Umweltschutz" (SBU) von Josef Buchner bei den Gemeinderatswahlen im Jahr 1979 auf Anhieb 18 Prozent der Stimmen. Ihr Hauptthema war die Luftverschmutzung durch die VÖEST. Bereits 1977 erreichte die „Bürgerliste Salzburg" zwei Mandate in der Landeshauptstadt. Die Initiative trat gegen die Verbauung von Grünflächen am Stadtrand von Salzburg auf und für den Schutz der Altstadt. Kopf der Bewegung war der Schauspieler Herbert Fux. 1982 erreichte die Bürgerliste bereits 17,7 Prozent der Stimmen und sechs Mandate im Salzburger Stadtparlament. Johannes Voggenhuber war daraufhin als erster Grüner Stadtrat in Europa zuständig für die Themen Umweltschutz, Raumplanung, Verkehr und Altstadterhaltung. In Vorarlberg kämpfte der katholisch geprägte Bio-Bauer Kaspanaze Simma Anfang der 1980er-Jahre für eine nachhaltige Landwirtschaft, kehrte der ÖVP enttäuscht den Rücken und erreichte 1984 bei den Vorarlberger Landtagswahlen erstmals mit einer Grünbewegung den Einzug in den Landtag mit 13 Prozent der Stimmen. In Baden bei Wien wiederum schaffte es Fritz Zaun 1980 als erster Grüner mit seiner „Alternativen Liste Baden" in den Gemeinderat.

I I I Harter Kampf um die Parteigründung

Genau ein Jahr nach dem Gründungstreffen der Grazer Alternativen sitze ich am 5. November 1982 im Minoritensaal in Graz und freue mich, dass wir gemeinsam die „Alternative Liste Österreich" ins Leben rufen. Mit mir im Saal: Die Alternativen aus Salzburg, Wien, Linz, Baden, Schwanenstadt, Innsbruck und ganz Österreich, mit denen so mancher aus der Grazer Gruppe „nichts zu tun haben wollte". Das Ganze ging schon gut los. Hier sind wir: Klimaschützer:innen, Dritte-Welt-Unterstützer:innen, Altstadtbewahrer:innen, Müllvermeider:innen, Feminist:innen, Waldretter:innen, Kapitalismusgegner:innen, Schwule und Lesben. Überzeugt davon, eine bessere Welt zu schaffen. Orientiert an den vier grünen Grundwerten ökologisch, solidarisch, basisdemokratisch und gewaltfrei. Während die einen über die drohende Atomgefahr diskutieren wollen, meinen die anderen, dass ohne Abschaffung des Patriachats ohnedies alles sinnlos wäre. Und zwischendurch schreit jemand verzweifelt: „Aber der Wald stirbt!" Es waren nicht alle überzeugt, dass sich hier eine neue politische Kraft formiert, die das herrschende System zum Beben und die Wiesen zum Blühen bringen würde. Gottfried Hirz, der mit seinem Freund Rudi Anschober aus Oberösterreich angereist kam, schüttelte bei der Heimfahrt nur den Kopf und war sich sicher, dass aus diesem zersplitterten Haufen „nie im Leben eine Partei wird".[4] Man konnte es ihm nicht verdenken.

Eine Partei, das war für viele von uns ohnedies kein Sehnsuchtsort, sondern ein pragmatisches Mittel, um im politischen Entscheidungsprozess mitwirken zu können. Parteigründung? Wenn es sein muss. Aber bitte keine „normale" Partei. Lieber eine Art Antiparteien-Partei. Einen konkreten Vorteil hatte es jedoch, eine Partei zu sein: Es war die einfachste Möglichkeit, eine juristische Person zu werden. Der Grazer Sozialwissenschaftler und ALG-Mitgründer Erich Kitzmüller, der 1982 das erste programmatische Papier der ALÖ vorlegte, formulierte das Wechselspiel zwischen Bürger:innenbewegungen und Partei

20

so: Dem alternativen Standbein (Bürger:inneninitiativen) wird durch die Partei ein Spielbein in den Volksvertretungen (Gemeinderat, Parlament) hinzugefügt.[5] Klingt gut, musste in der Realität aber erst erprobt werden.

In Graz hatte die Parteigründung jedenfalls ihren Zweck erfüllt und die ALG erreichte im Jänner 1983 bei den Gemeinderatswahlen sieben Prozent der Stimmen und damit auf Anhieb vier von 56 Mandaten. Eines der vier Mandate übernahm Doris Pollet-Kammerlander, die von 1994 bis 1999 auch Abgeordnete der Grünen im Nationalrat, Frauen- und außenpolitische Sprecherin der Partei war. Neben Kitzmüller und Pollet-Kammerlander war Peter Pritz ein wichtiges Mitglied der ALG. Pritz leitete das Afro-Asiatische Institut in Graz und bemühte sich in den frühen 1980er-Jahren um die Ausarbeitung programmatischer Grundsätze, um den zersplitterten alternativen Bewegungen eine Klammer zu geben. In seinen „Skizzen der Alternativbewegung"[6] plädierte er für ein breites Bündnis von emanzipatorischen und ökologischen Kräften, die Vernetzung alternativer Lebensformen sowie die Bewusstseinsbildung auf breiter Basis für einen radikalen Wandel und die Absicherung des Erreichten auf der parlamentarischen Ebene. Bedingungsloses Wirtschaftswachstum stand diesem Ziel entgegen. Dieser Balanceakt zwischen Ablehnung des herrschenden Wirtschaftssystems an einem Ende des Spektrums und Wandel innerhalb der existierenden Strukturen am anderen Ende begleitete die Grünbewegung seit ihren Anfängen. Ob das Beste aus den beiden Welten Ökologie und Ökonomie – wie es bei der Präsentation der schwarz-grünen Regierung im Jänner 2020 angekündigt wurde – überhaupt möglich ist, daran arbeiten sich die Grünen bereits seit ihrer Gründung ab. Neben Peter Pritz hat sich zu Beginn der 1980er-Jahre innerhalb der „Alternativen Liste Graz" auch ein junger Volkswirtschaftsstudent mit dieser Frage beschäftigt: Werner Kogler.

21

Die „Alternative Liste Österreich" als Sammelbecken der grün-alternativen Bewegungen war jedenfalls gegründet und die ersten Wahlen einzelner Gruppen auf lokaler Ebene erfolgreich geschlagen. Mit der Gründung im November 1982 wurde auch beschlossen, bei der Nationalratswahl im Frühling 1983 anzutreten. An dieser Stelle kam jedoch noch eine Kleinigkeit hinzu: Wir waren nicht die einzigen Grünen, die ins Parlament wollten.

III Eine Wahl, zwei Grüne Parteien

Rund um die Proteste gegen das Kernkraftwerk Zwentendorf formierte sich nicht nur eine Vielzahl von „Alternativen Listen" im Land. Es versuchte sich auch eine Grünbewegung institutionell zu sammeln, die einen konservativen Blick auf die Welt hatte. Ihr wichtigster Vertreter war Alexander Tollmann, Vorstand des Instituts für Geologie an der Universität Wien und Aushängeschild der „ARGE Nein zu Zwentendorf".

Tollmann wurde im Sommer 1982 Chef der kurz zuvor gegründeten Partei „Vereinigte Grüne Österreichs" (VGÖ). Die VGÖ war eine reformistische Protestpartei mit den Schwerpunkten Umweltschutz und Bürgerrechte, die durch manche Protagonist:innen und Ansichten auch sehr weit am rechten Rand anstreifte. Inhaltlich trennten die VGÖ und die ALÖ bei den meisten Themen Welten. Und auch was die Personen betraf, hätten beide Bewegungen kaum unterschiedlicher sein können. Waren viele der „Alternativen" vom Geist und Aussehen der 68er-Bewegung geprägt, so galten die Mitglieder der VGÖ als „Lodenmantel-Grüne". Manch Grüner der ersten Stunde stand jedoch auch zwischen den Stühlen. Herbert Fux von der „Salzburger Bürgerliste" zum Beispiel nahm sowohl an den Versammlungen der ALÖ wie auch der VGÖ teil und war hinter den Kulissen bemüht, eine gemeinsame Wahlplattform zu gründen. Denn eines war klar: Zwei Grünparteien würden es nicht in den Nationalrat schaffen.

Ich selbst hatte aus strategischen Gründen kein Problem mit einer Zusammenarbeit mit der VGÖ. Mir war aber auch klar, dass es die berühmte Quadratur des Kreises brauchen würde, um die beiden Bewegungen unter einen Hut zu bekommen. So meinte damals auch mein ALÖ-Kollege Erich Kitzmüller treffend: „Kurzfristig würde so ein Zusammengehen sicher Erfolg haben, langfristig hätte es aber keine gute Prognose."[7] Der Versuch, vor der Wahl eine gemeinsame Kandidatur auf die Beine zu stellen, scheiterte jedoch und so traten die beiden Parteien bei der Nationalratswahl am 24. April 1983 mit jeweils eigener Liste an. Das Ergebnis? Sowohl unsere ALÖ mit 1,4 Prozent als auch die VGÖ mit 1,9 Prozent verpasste den Einzug in den Nationalrat klar. Ein schmerzliches Ergebnis für alle, die versucht hatten, die Grüne Bewegung voranzubringen. Nach der Wahl schrieb der Politikwissenschaftler Fritz Plasser folgenden Satz, der wie eine Mahnung klingen sollte: „Hätten die Vereinigten Grünen Österreichs (VGÖ) und die Alternative Liste Österreichs (ALÖ) [...] auf einer gemeinsamen Liste kandidiert, wären sie im neu gewählten Nationalrat mit insgesamt sieben Abgeordneten vertreten gewesen."[8]

Die Folge des schlechten Abschneidens bei der Wahl war: Rückzug mancher Beteiligter, Konzentration auf lokale Projekte und – wie so oft nach Enttäuschungen – Streit. Vor allem die Auseinandersetzung zwischen den Grazer:innen und den Wiener:innen innerhalb der ALÖ nahm zu. Manche Protagonist:innen der Wiener Alternativen wie Ali Gronner, Peter Stepanek, Günter Schneider, Fritz Schiller oder Susi Harringer standen dem Parteibildungsprozess stets skeptisch gegenüber und warfen den Grazer:innen Anbiederung an das System vor. Die Grazer Alternativen waren wiederum der Meinung, die Wiener:innen seien zu dogmatisch und hätten keinen Sinn für das Pragmatische. So schrieb das Grazer ALG-Mitglied Erich Kitzmüller im Herbst 1984 über den Streit: „Die politische Durchsetzung der neuen Anliegen ist [...] überhaupt nicht vorangekommen. Man ist eben viel zu individualistisch, um sich ,mit denen' oder gar ,mit jenen' einzulassen. Oder man ist viel zu klug."[9] Auch stellten uns die eigenen hehren Ansprüche an die politische Arbeit – Geschlechterquote, Basisdemokratie, Rotationsprinzip, Trennung von Funktion und Mandat – immer wieder vor Schwierigkeiten. Die Quote für Männer und Frauen hatte sich zwar bewährt, die Verankerung der Parteiarbeit in der Basis führte aber immer wieder dazu, dass wir uns im Kreis drehten. Hinzu kam, dass die Trennung von Parteifunktion und Ausübung eines politischen Mandats regelmäßig zu Streit führte. Die einen fühlten sich in ihrer Arbeit blockiert, die anderen befürchteten eine Dominanz der „Promis". Ich selbst konnte beiden Seiten etwas abgewinnen, war aber davon überzeugt, dass politische Arbeit ohne den Gang in die Institutionen nur Stückwerk bleiben würde. Politik war für mich immer auch eine Frage der Macht. Das habe ich bereits zuhause bei meinem Vater, dem SPÖ-Bürgermeister, gelernt. Und in Österreich wurde diese Macht von zwei Parteien samt ihren zahlreichen Organisationen aufgeteilt. Das wurde mir bei jeder Sitzung vor Augen geführt, als ich Mitte der 1980er-Jahre als Grüner Mandatar in den Gemeinderat meiner Heimat Großklein einzog. Andererseits war ich seit Mai 1984 gemeinsam mit Ali Gronner (Wien) und Doris Eisenriegler (Oberösterreich) Bundesgeschäftsführer der ALÖ und musste auch dort erkennen: Gute Ideen zu haben ist schön. Es geht aber darum, sie durchzusetzen. Die ALÖ schmorte jedoch zunehmend im eigenen Saft und die alternative Bewegung versank im Treibsand der Agonie. Es brauchte zwei externe Ereignisse und die unfreiwillige Hilfe der SPÖ und FPÖ, um die internen Streitigkeiten zu überwinden, der Ökologiebewegung neuen Auftrieb zu geben und uns Grüne in das Parlament zu bringen. Das eine war die katastrophale Politik der SPÖ bei den Protesten gegen das Kraftwerk in der Hainburger Au zur Jahreswende 1984/85.[10] Das zweite war – und das ist durchaus eine Ironie der Geschichte – die Übernahme der FPÖ durch Jörg Haider im September 1986.

I I I Hainburg als Glücksfall

Hainburg war nach Zwentendorf das zweite zentrale Momentum der österreichischen Ökologiebewegung. Am 8. Dezember 1984 zogen 8.000 Menschen in einem Sternenmarsch in die Hainburger Au, um die Rodung für den Bau des geplanten

Wasserkraftwerks an der Donau zu verhindern. Elf Tage später, am Morgen des 19. Dezember, kam es zu einem brutalen Polizeieinsatz, bei dem über 100 Auschützer:innen verletzt wurden. Am selben Nachmittag demonstrierten in Wien 40.000 Menschen gegen das Vorgehen der Regierung und gegen den Kraftwerksbau. Ich selbst habe damals einige Tage im Protestcamp verbracht. Die Direktorin meiner Schule in der Südsteiermark war so freundlich, mir für diese Zeit frei zu geben. Insgeheim war sie wohl der Meinung, dass ich in der Politik besser aufgehoben wäre als im Klassenzimmer. Der damalige SPÖ-Bundeskanzler Fred Sinowatz verkündete am 22. Dezember unter dem Druck der Öffentlichkeit einen „Weihnachtsfrieden" in der Causa Hainburg. Ein Jahr später, im Herbst 1985, war das Kraftwerk endgültig Geschichte, da sich eine vom Bundeskanzler eingesetzte Ökologie-Kommission gegen das Projekt aussprach.

Weder unsere ALÖ noch die VGÖ spielten bei den Ereignissen rund um Hainburg eine führende Rolle. Erneut waren hier Menschen aus allen Parteien und Lagern am Protest beteiligt: Politiker:innen wie der spätere konservative EU-Abgeordnete Othmar Karas, der ehemalige FPÖ-Vizekanzler Hubert Gorbach und der spätere SPÖ-Bundeskanzler Alfred Gusenbauer sowie Künstler:innen wie Friedensreich Hundertwasser und André Heller. Die Kronen Zeitung, als auflagenstärkste Tageszeitung ein wichtiger politischer Faktor im Land, stand ebenfalls auf der Seite der Auschützer:innen. Ausschlaggebend für den Erfolg der Proteste war aber vor allem der Einsatz von Tausenden Bürger:innen, deren Namen kaum bekannt sind. So zum Beispiel Günter Schobesberger. Er kaufte damals aus eigener Tasche 700 Decken, 65 Militärschlafsäcke und 3.000 Jutesäcke, die er mit Stroh füllen und an die Au-Besetzer:innen verteilen ließ. Ich kann mich noch an ein Treffen in der eiskalten Au erinnern, als einige der bekannteren Protagonist:innen die Proteste bereits als gescheitert ansahen. Schobesberger rief daraufhin den Anwesenden zu: „Wer wirklich was tun will, wir treffen uns da hinten und besprechen das weitere Vorgehen!"

25

Gesetze und Verordnungen werden in Parlamenten und Gemeinderäten gemacht, bei Wahlen und Abstimmungen entschieden. Das ist das Gute an der Demokratie. Aber gelebt wird Politik von allen Bürger:innen: auf der Straße, im Unternehmen, in der Familie, im Verein, in der Schule, im Protestcamp, in der Nachbarschaft. Auch wenn diese Art der Politik selten in Geschichtsbüchern und Festreden gewürdigt wird, so ist sie doch ein zentraler Motor für den Zusammenhalt und die Entwicklung unserer Gesellschaft. Daran denke ich auch, wenn ich heute Aktionen von Gruppen wie die Letzte Generation sehe.

Schaue ich auf Hainburg, bin ich verwundert über so manchen abschätzigen Kommentar, den ich 40 Jahre später über die Proteste der jungen Aktivist:innen lese. Für uns war damals klar, dass es – wie in Hainburg – auch mal eine „Straße der Barrikaden" braucht, um sein Ziel zu erreichen. Oder wie es Günter Schobesberger formulierte: „Bis zu 40 Mann gleichzeitig haben damals Baumstamm um Baumstamm quer über diesen Forstweg gelegt, damit die Gendarmen mit den Autos nicht zu unseren Lagern durchkamen. Es war ein Krieg, aber mit friedlichen Mitteln". [11]

||| Jörg Haiders Putsch als Beschleuniger der Grünen Sache

Der erfolgreiche Protest gegen das Kraftwerk Hainburg brachte neuen Schwung, den wir für die Grün-Bewegung unbedingt nutzen mussten. Ziel war eine gemeinsame Kandidatur von ALÖ und VGÖ bei der Nationalratswahl im Frühling 1987. Aber dann ging alles schneller als gedacht: Zunächst kamen Gerüchte auf, die Wahl könnte bereits auf den Herbst 1985 vorverlegt werden. Das veranlasste Günther Nenning und Johannes Voggenhuber, damals Stadtrat für die „Salzburger Bürgerliste", vorzupreschen und die „Bürgerinitiative Parlament" (BIP) als gemeinsame Wahlplattform zu gründen. Voggenhuber war skeptisch, ob es zu einer Einigung zwischen ALÖ und VGÖ kommen würde. Als Vermittler zwischen beiden Strömungen „sei er gerne bereit, daran mitzuarbeiten, dass eine Kandidatur energisch und jetzt verfolgt wird", formulierte er damals. „Wenn das doch noch gelingt, dann gibt es einen Generalangriff auf die etablierte Politik. Das ist nämlich notwendig."[12] Das Ziel war, zunächst eine erfolgreiche Kandidatur zum Nationalrat zu schaffen und einen Grünen Parlamentsklub bilden zu können. Danach sollte die Partei samt Strukturen und Programm aufgebaut werden. Günther Nenning – Journalist, ehemaliges SPÖ-Mitglied und eines der prominentesten Gesichter des Widerstandes in Hainburg – entwarf die Grundzüge der neuen Plattform. Gleichzeit kamen Freda Meissner-Blau und Peter Pilz an Bord, die zuvor in der SPÖ aktiv waren. Pilz hatte sich beim Volksbegehren gegen die Abfangjäger Anfang des Jahres 1986 einen Namen gemacht. Ich war überzeugt, dass diese Wahlplattform das richtige Mittel für unsere Ziele war und lenkte die ALÖ in Richtung Zusammenarbeit. Die Bundespräsident:innenwahl am 4. Mai 1986 sollte uns mit Meissner-Blau als Grüne Spitzenkandidatin auch als Testlauf dienen. Als Alternative zu den Kandidaten der ÖVP (Kurt Waldheim) und SPÖ (Kurt Steyrer) erreichte sie 5,5 Prozent der Stimmen und lag damit weit vor dem Kandidaten der FPÖ (Otto Scrinzi). Gleichzeitig sollte das „Hainburger Einigungskomitee", in dem alle Grüngruppen vertreten waren, einen Einigungskongress für Oktober 1986 vorbereiten. Doch dann wurde unser Zeitplan über den Haufen geworfen. Nachdem Jörg Haider am 13. September 1986 die Macht in der FPÖ übernommen hatte und in einer Kampfabstimmung zum neuen FPÖ-Chef gewählt worden war, löste SPÖ-Kanzler Franz Vranitzky die Regierungskoalition mit der FPÖ auf und kündigte für den 23. November Neuwahlen an. Günther Nenning erkannte die Gunst der Stunde und dichtete: „Dank sei dem Franz, wir haben mehr Glück als Verstand. Jetzt werden die Leute entscheiden, die sagen, wir haben keine Zeit mehr zum Streiten."[13]

Meissner-Blau erklärte sich bereit, als Spitzenkandidatin für die Grünen in die Wahl zu gehen, die Gruppen einigten sich auf einen Grundsatzvertrag und die Partei „Die Grüne Alternative – Liste Freda Meissner-Blau (Grüne)" wurde von Meissner-Blau angemeldet. Sie stellte jedoch Bedingungen: Die besten Plätze auf der Wahlliste sollten nach ihren Vorstellungen besetzt werden. Vor allem die „Alternative Liste Wien" war mit diesem Vorgehen nicht einverstanden und fühlte sich überrumpelt. Die Wiener:innen waren skeptisch gegenüber der „Prominentenliste" und verwiesen auf den basisdemokratischen Entscheidungsprozess. Kurz darauf, am 4. Oktober, kam es bei der Versammlung der „Alternativen Liste Wien" zu einem handfesten Streit. Bei der Abstimmung zur Wahlliste wurden die Historikerin Andrea Komlosy und die Autorin Erica Fischer auf die Plätze eins und zwei und damit vor Meissner-Blau und Pilz gewählt. Meissner-Blau wollte das Ergebnis jedoch nicht akzeptieren und erklärte die Abstimmung für obsolet. Daraufhin trat der Wiener Flügel bei der Nationalratswahl mit einer eigenen Liste an – blieb mit 0,66 Prozent aber chancenlos. „Die Spaltung ist da", erklärte Johannes Voggenhuber das Geschehen.[14] Nicht nur diese Spaltung ging aus dem Streit nach der Abstimmung hervor, auch weitere Konsequenzen waren über Jahre hinweg spürbar.[15] Ulrike Lunacek zum Beispiel unterstützte bei der Abstimmung Erica Fischer, die aus der Frauenbewegung kam und als dezidiert feministische Kandidatin angetreten war. Nach Fischers Ausbootung zog sich Lunacek jedoch einige Jahre von ihrem Engagement bei den Grün-Alternativen zurück, da sie vom Umgang mit der Frauenbewegung im Zuge der Listenerstellung enttäuscht war. Andere kehrten den Grünen gleich für immer den Rücken. Das betraf vor allem jene Aktivist:innen aus der Wiener Gruppe, die einen radikaleren Weg mit den Grünen einschlagen wollten. Die damalige Abstimmung war kein ruhmreiches Kapitel der Grünen. Andrea Komlosy wurde später Professorin für Wirtschafts- und Sozialgeschichte. Erica Fischer ging nach Deutschland und wurde eine angesehene Schriftstellerin. „Damals habe ich gesehen, wie sich Menschen verändern, sobald es um Macht geht", erzählte mir Fischer Jahrzehnte später. Eine Erkenntnis, die auch vor den Alternativen nicht Halt macht.

||| Der Sprung in das Parlament

Wenige Tage nach der umstrittenen Abstimmung wurde in der Wohnung von Meissner-Blau in der Bräunerstraße in der Wiener Innenstadt die Liste für die Wahl erstellt. 234.028 Menschen gaben uns am 23. November 1986 ihre Stimme, das waren 4,8 Prozent, die uns acht Mandate brachten. Mit mir zogen in den Nationalrat ein: Freda Meissner-Blau als Klubobfrau, der Staatsanwalt Walter Geyer als ihr Stellvertreter, Herbert Fux von der „Salzburger Bürgerliste", VGÖ-Chef Josef Buchner, Peter Pilz, der Behindertenvertreter Manfred Srb und Karel Smolle, der als Obmann des Rats der Kärntner Slowenen die Minderheiten vertrat. Wir waren sieben Männer und eine Frau. Ich war der einzige der acht Abgeordneten, der auf einer regulären Landesversammlung gewählt worden war. Wir hatten es geschafft und saßen im Parlament. Wir waren zwar in das Hohe Haus an der Wiener Ringstraße eingezogen, als Partei waren wir allerdings noch nicht gefestigt. Das bekamen wir die nächsten Jahre bitter zu spüren. Bei allen Schwierigkeiten war die Wahl dennoch ein Grund zum Feiern und ein großer Erfolg der Ökologie- und Friedensbewegung in Österreich. Kurz vor Weihnachten, am 17. Dezember 1986, waren wir Grüne auf dem Weg in den Nationalrat zu unserer ersten Sitzung. Im Radio lief nicht mehr Udo Jürgens' „5 Minuten vor 12", sondern auf Platz eins der Charts war „The Final Countdown" von „Europe". Das Lied hätte die Stimmung bei uns Grünen nicht treffender einfangen können. Da war die Euphorie über den geschafften Einzug. Gleichzeitig beschlich uns das Gefühl, alles hängt an einem seidenen Faden und kann jederzeit zusammenbrechen. Beides – Euphorie und Abgrund – sollten uns Grüne noch länger begleiten.

„Dafür haben wir die Grünen nicht gegründet!"
Gespräch mit Johannes Voggenhuber

Johannes Voggenhuber war Mitgründer der Grünen, Klubobmann im Nationalrat und streitbarer EU-Abgeordneter. Ich wollte von ihm wissen, wie er die Gründung erlebt hat und was von den Grünen übrig geblieben ist.

Johannes Voggenhuber hat als Stadtrat für die „Salzburger Bürgerliste" in den 1980er-Jahren früh erfahren, was es heißt, sich in Österreich mit den etablierten Parteien anzulegen. Im Nationalrat hat er später von mir die Position des Klubobmanns übernommen und versucht, die Partei programmatisch auf ein Fundament zu stellen. Ich habe ihn für seine Überzeugungen geschätzt, Politik war für Johannes eine Lebensaufgabe und die Grüne Sache seine Antriebskraft. Vor allem als langjähriger EU-Abgeordneter war er eine wichtige Stimme für die Grünen. Seine Ideen vertrat er stets mit Nachdruck, was dazu führte, dass nicht jede:r seinen Vorstellungen folgen wollte und es zu Konflikten innerhalb der Partei kam. Seine streitbare Sicht auf die Grünen und die Welt war aber immer geprägt von einer Scharfsinnigkeit, die Johannes für mich zu einem guten Gesprächspartner macht, um mit ihm über die Anfänge der Grünen und die Partei 40 Jahre nach ihrer Gründung zu sprechen.

Andreas, du möchtest mit mir also über die Grünen reden. Gibt es sie noch?
Du bist sarkastisch. Sie sitzen in der Regierung. Vierzig Jahre nachdem wir für ihre Gründung gekämpft haben.
Aber sind sie überhaupt noch grün?

Das will ich mir dir herausfinden.
Es ist schade, dass die Grünen nie ein Archiv aufgebaut haben. Viele Dokumente gibt es nicht mehr, geblieben sind Zufallsfunde und subjektive Fragmente. Dabei wäre es wichtig, die Geschichte der Grünen anhand ihrer Ideen sowie gesellschaftlichen und politischen Ausgangspositionen zu schreiben. Ist man überhaupt ein Grüner, so wie man ein Roter oder Schwarzer oder Blauer ist? Das hört sich sehr nach der längst überlebten Vorstellung des österreichischen Parteienstaates an. Ich würde sagen, dass man ein Grüner ist, wenn man ökologisch denkt oder handelt. Was die Grünen bei ihrer Gründung verbunden hat, war ein gemeinsamer Leidensdruck.

Du meinst das Abarbeiten an den verkrusteten Strukturen?

Auch. Die Grünen sind die einzige österreichische Partei, die aus der Mitte der Gesellschaft entstanden ist. Überall in Österreich gab es damals Bürger:innenbewegungen, die sich an gewissen Missständen abgearbeitet haben. Wir in Salzburg haben in den 1970er-Jahren die Vereinigten Bürgerinitiativen und schließlich die Bürgerliste gebildet, um die Zerstörung der Landschaft und der Altstadt zu verhindern. Das ging nicht, ohne die Verfilzung von Politik und Bauspekulationen zu bekämpfen und gegen den asozialen Wohnbau vorzugehen. In Graz ging es um die Verschmutzung der Mur und den Feinstaub. In Tirol um den Transit. Diese Initiativen sind aus einer tiefen Betroffenheit zahlreicher Menschen aus allen politischen Lagern entstanden. Vereint hat sie der gemeinsame Leidensdruck durch die herrschenden Verhältnisse.

Du warst in den frühen 1980er-Jahren in Salzburg der erste „grüne" Stadtrat in Europa. Danach hast du maßgeblich daran mitgewirkt, dass eine gemeinsame grüne Liste bei der Nationalratswahl 1986 antritt. War für dich klar, dass es ohne Parlament nicht geht?

Für mich war klar, dass wir als Bewegung unseren Fokus erweitern müssen, wenn wir als Grüne nachhaltig Einfluss gewinnen wollen. Das habe ich in Salzburg gesehen. Dort ging es zu wie am Fischmarkt in Neapel. Die ÖVP hat sich den einen Teil der Stadt unter den Nagel gerissen, war zuständig für das Bauwesen sowie Grundstücke und hat so Milliarden für ihre Klientel gesichert. Die SPÖ wiederum war zuständig für das gesamte Personal und die Finanzen der Stadt. Die haben ihrer Klientel Posten und Karriere, Sozialwohnungen und Kindergartenplätze nach Parteibuch zugeschanzt. So sah es auch im Rest des Landes aus. Wir konnten nur etwas nachhaltig verändern, wenn wir dieses System aufbrachen. Zumal die Frage der Umweltzerstörung direkt zusammenhängt mit der sozialen Frage und der Korruption.

Es war bereits in den Anfangsjahren klar, dass eine intakte Umwelt nur mit mehr Demokratie und Transparenz möglich ist.

Natürlich. Wo wurde zum Beispiel in Salzburg spekuliert? In den Sozialwohngebieten im Stadtteil Lehen. Wer musste die Altstadt verlassen aufgrund zu hoher Mietpreise? Die Menschen mit geringem Einkommen. Und wer hat davon profitiert? Die Bauunternehmer, die gleichzeitig als Politiker im Gemeinderat saßen. Was hat das befördert? Korruption. Das war eine mafiöse Vermischung von Politik und kriminellem Geschäft zu Lasten der Umwelt, der sozialen Gerechtigkeit und der Demokratie. Das ist jetzt ein Exkurs in die politische Ideengeschichte, der mir sehr wichtig ist: Die Grünen waren die erste und einzige politische Bewegung seit der französischen Revolution, für die Natur nicht als kostenloser Produktionsfaktor gilt, den man bedenkenlos ausbeuten, manipulieren, vergeuden und zerstören kann. Bei den Grünen galt Natur immer als begrenzte und kostbare Grundlage allen Lebens. Diese Vervollständigung der politischen Ideengeschichte der letzten 250 Jahre ist das historische Verdienst der Grünen. Die ökologische Bewegung fügt den Revolutionen um bürgerliche Freiheit und Demokratie, um Grundrechte und Rechtsstaat sowie um soziale Gerechtigkeit den Kampf um den Schutz der Natur hinzu. Dieser Zusammenhang verblasst bei den grünen Parteien in Parlamenten, Ämtern und Regierungen zusehends. Sie werden immer mehr zu Einthemenparteien mit Tunnelblick.

Wir haben uns damals rund um die Proteste gegen das Kraftwerk in Hainburg kennengelernt. Mittlerweile habe ich den Eindruck, dass die Grünen mit den Umweltbewegungen von heute wenig anfangen können.
Die Grünen haben mit diesen Bewegungen gar nichts mehr zu tun. Das ist einer der Gründe, warum sie aktuell auf wackligen Beinen stehen. Der zweite ist, dass die inhaltliche Arbeit seit mehr als 20 Jahren eingestellt wurde. Raus aus Öl und Gas, rein in erneuerbare Energien. Das ist seit langem klar. Aber in welcher Gesellschaft wollen wir leben? In den 1990er-Jahren haben Sonja Puntscher Riekmann und ich das letzte Parteiprogramm für die Grünen ausgearbeitet. Seither ist hier nichts mehr passiert. Aber ein Programm ist die Grundlage und fasst die Ideen zusammen, um die sich Menschen sammeln und dient dazu, eine gesellschaftliche Vision zu vermitteln. Nur das bindet auch die Basis an die Partei und gewinnt kreative Köpfe für sie. Um diese Ideen in die politischen Institutionen zu bringen, ihr Denken und Handeln zu verändern, dafür haben wir die Grünen gegründet. Sie wollten eine Alternative sein, eine politische und gesellschaftliche Avantgarde.

Du kennst den Spruch vom Marsch durch die Institutionen, den man antreten muss, um etwas zu verändern. Nun scheinen auch die Grünen ein gutes Beispiel dafür zu sein, dass das System eher den Menschen verändert und nicht der Mensch das System.

Natürlich hat es einen Einfluss auf deine Politik, wenn du Teil des politischen Betriebes bist. Ja, es geht nicht ohne Kompromisse. Aber die Grünen haben sich in den letzten Jahren inhaltlich derart verwässert, dass sie kaum mehr als Grüne zu erkennen sind. Sie sind damit zwar in den Augen der etablierten Parteien und Medien „regierungsfähig" geworden, aber regierungsfähig heißt in diesem Zusammenhang, dass du den Konsens der arrivierten Eliten exekutieren darfst. Kleine Dinge darfst du dir herausnehmen. Aber Änderungen der Gesellschaft musst du abschwören.

Macht hat eben etwas sehr Anziehendes. Das haben wir selbst auch erlebt. Sobald es etwas zu verteilen gab – ein Mandat oder einen Job als Klubobmann – wurde gestritten und intrigiert.

Im Mittelpunkt des Streits standen aber trotzdem inhaltliche Differenzen. Die Grünen als Regierungspartei leben in erster Linie von Ämtern und Geldern, die es zu verteilen gibt. Da existiert kein Hainburg oder Zwentendorf, da gibt es keine Bürger:inneninitiativen oder Bewegungen, auf die sie sich stützen könnten. Sie haben nur die ihnen zugewiesenen Ressourcen als Minister:innen oder Abgeordnete. Würden sie diese aufgeben, wäre das wie ein Selbstmord. Also halten sie daran fest – auch wenn sie ihre Grundsätze dafür über Bord schmeißen müssen. Ich weiß schon, dass der Blick der Gründer:innen-Generation scharf ist, manchmal vielleicht ungerecht. Aber wenn ich mir anschaue, was die Grünen in der Regierung beim Thema Asyl zugelassen haben, dass ihre Europapolitik inzwischen inexistent ist – von Visionen für ein künftiges vereinigtes Europa ganz zu schweigen –, oder wenn ich ihre dröge Kulturpolitik beobachte, muss ich sagen: Dafür haben wir die Grünen nicht gegründet!

Wir sind damals angetreten, um das Land grundlegend zu verändern. Haben wir unsere eigenen Ideale überschätzt und gleichzeitig die Zähigkeit der Macht unterschätzt?

Es war damals für die Gesellschaft unglaublich wichtig – ich würde sagen überlebenswichtig – diese Vision von einer alternativen Welt hinauszutragen. Frieden, eine intakte Umwelt, soziale Gerechtigkeit, nachhaltige Energie, Demokratie,

Gleichberechtigung von Mann und Frau, Schutz von Minderheiten und vieles mehr: Wir haben diese Werte nicht überschätzt, sondern nachhaltig in den politischen Prozess eingebracht. Es war klar, dass sich das politische Machtsystem dagegen wehren wird. Aber wir haben damals dennoch – wenn ich ein persönliches Beispiel nennen darf – etwa in der Stadt Salzburg eine Revolution der gesamten Stadtentwicklung durchgesetzt: von einem Landschaftsgürtel in und um die ganze Stadt bis zur systematischen Altstadtsanierung, von einer grundlegenden Architekturreform über sozialen Wohnbau bis zur grünen Salzach, von einer Fußgängerzone und Verkehrsberuhigung bis zu einer umfassenden Planungsdemokratie. Die Ergebnisse dieser Revolution sind bis heute Grundpfeiler der Stadtentwicklung und wurden von vielen Städten in Europa übernommen. Es wäre falsche Bescheidenheit gegenüber den heutigen Amtsträger:innen der Grünen, wenn wir nicht aufzeigen würden, dass es auch in Regierungsfunktion möglich ist, Gestaltungskraft zu haben. Aber du hast recht: Am Ende ist es uns nicht gelungen, eine Alternative zu schaffen. Aber wollen die Grünen das heute noch? Oder haben sie sich zum Ziel gesetzt, eine stinknormale Partei zu werden. Ich bin überzeugt, dass die Grünen außerhalb der Regierung hundertmal mehr erreicht haben als innerhalb. Aus der Suche nach dem Möglichen ist die Verwaltung der angeblichen Sachzwänge geworden.

Bewegungen nutzen sich ab, die Rollen ändern sich. Wir wissen selbst, dass es mit dem Älterwerden nicht leichter wird.
Das ist für mich keine Frage des Alters. Die jungen Leute, die bei Fridays for Future aktiv sind, wollen sich nicht zwingend von der Jugend repräsentieren lassen. Die wissen schon, dass Erfahrung etwas wert ist. Von den Grünen fühlen sich die neuen Initiativen aber schon lange nicht mehr vertreten. Es geht um den Spirit. Darum, Aufbruch zu signalisieren. Ich muss eine wahrhaftige Sprache sprechen und Bilder verwenden, die einen mitnehmen. Sich bei ständiger Stagnation und dem x-ten Wahlverlust als „Faktor der Stabilität" zu bezeichnen, ist das Gegenteil. Ich muss die Menschen ermutigen, sich zu beteiligen. Ich muss Verbindungen herstellen zu Leuten, die in den Gemeinden und Städten versuchen, etwas zu ändern. Das gelingt aber nicht mit dem Charisma eines Ministerialbeamten. Man kann in der Politik scheitern. Das ist legitim. Aber man kann das auf anständige Art machen, indem ich für meine Vision der Welt einstehe. Das war bei der Gründung der Grünen ganz zentral.

Bist du noch ein Grüner?
Ich sage einmal so: Die Grünen haben mehr Anlass daran zu zweifeln, ob sie noch Grüne sind, als ich.

Johannes Voggenhuber (73) war von 1982 bis 1987 Stadtrat für die „Salzburger Bürgerliste" und zuständig für die Ressorts Stadtplanung, Altstadtsanierung, Verkehr, Umwelt, Bau und Gewerbe. Damit war er der erste „grüne" Stadtrat in Europa. Von 1990 bis 1996 war er Abgeordneter der Grünen zum Nationalrat, von 1990 bis 1992 Klubobmann und von 1995 bis 2009 Abgeordneter zum Europäischen Parlament.

Kapitel II

Einzug in das Raucherkammerl

Die Grünen im Parlament als Angriff
auf das Machtsystem

234.028 Österreicher:innen hatten uns ins Parlament gewählt und waren froh, dass wir den Einzug schafften. Einer gehörte definitiv nicht dazu: Nationalratspräsident Anton Benya. Das SPÖ-Schwergewicht war als langjähriger Chef des Österreichischen Gewerkschaftsbundes einer der zentralen Antreiber hinter dem Kraftwerksbau in Hainburg. Dementsprechend war Benya nach dem Baustopp sauer auf uns Grüne und stellte gleich bei der ersten Sitzung am 17. Dezember 1986 im Parlament uns gegenüber klar: „Ihr habt jetzt zwar acht Mandate, aber Platz haben wir keinen für euch."

Willkommen im Parlament – unser neuer Arbeitsplatz! Obwohl: Arbeitsplatz war nicht zutreffend für das Hohe Haus am Ring. Denn inhaltlich gearbeitet wurde im Nationalrat nicht. In den langen Gängen standen zwar Telefone und hingen Briefkästen für alle Abgeordneten. Es gab auch Raucherzimmer, eine Kantine und Fernsehzimmer, Arbeitszimmer suchten wir allerdings vergebens. Die gewählten Volksvertreter:innen der beiden Großparteien SPÖ und ÖVP hatten das auch gar nicht nötig. Für sie wurde die inhaltliche Arbeit in den Parteizentralen und den Vorfeldorganisationen wie Gewerkschaft, Wirtschaftskammer oder Bauernbund erledigt. Außerdem brauchten sie nur zum Telefon zu greifen und flugs schickten Beamt:innen in den jeweiligen Ministerien notwendige Unterlagen in Richtung Parlament. Entschieden wurde im Parlament jedoch nichts, sondern nur beschlossen, was im Vorfeld bereits von Verbänden, Lobbys und den Ministerien ausgearbeitet wurde. Peter Pilz beschrieb 1989 diese Erkenntnis so: „Plenartage – im Hausmund ‚Haussitzungen' – finden an zwei Austragungsorten statt: im Plenum und in der Cafeteria […]. Das Plenum ist die Scheinwelt, die Cafeteria die Wirklichkeit. […] Gegen Abend wandert das Plenum in die Cafeteria. Nur zwischendurch, kurz vor Abstimmungen oder wenn plötzlich politische Gegensätze aufbrechen, fluten die Abgeordneten zurück zur Debatte. Dann herrscht im Plenum manchmal Bombenstimmung. Die Mandatare sind sich ihrer Machtlosigkeit wohl bewusst. Ihr willenloses Hinterhertrotten hinter den Leithammeln ihrer Fraktion ist kein Ausdruck einer unpolitischen Grundhaltung. Es ist ein Resultat klarer Einsicht in die realen politischen Verhältnisse. Sie haben zur Kenntnis genommen, daß die Politik, die sie zu bereden haben, nicht in diesem Hause gemacht werden darf."[1]

||| Ein Vorzimmer und das Raucherkammerl für die Neuen

Wir waren aber angetreten, um in diesem Haus Politik zu machen. Auch wenn wir noch nicht genau wussten, wie und auf kein breites Netzwerk zurückgreifen konnten. Alles was wir hatten, waren acht Abgeordnete ohne Schreibtische. ÖVP-Abgeordneter Alois Mock, der nach der Wahl Außenminister der neu formierten Koalition aus SPÖ und ÖVP wurde, war so gütig und bot unserer Klubchefin Meissner-Blau an, sein Vorzimmer im Parlament als Büro zu verwenden. Wir restlichen sieben Abgeordnete fanden schließlich auch noch einen Arbeitsplatz. Die SPÖ folgte dem Vorbild Mocks, erbarmte sich unser und stellte ihr Raucherkammerl zur Verfügung. Das bescheidene Zimmer hatte ein Fenster an der Decke für den Rauchabzug und man gelangte vom Kammerl direkt zu den Parlaments-Toiletten. Jedes Mal, wenn ich am Wochenende zu meiner Familie in die Südsteiermark fuhr und am Montag zurück ins Parlament kam, war mein Schreibtisch von einem meiner Kollegen besetzt. Heute mag diese Arbeitsweise unter dem Begriff „Co-Working-Space" beliebt sein, damals war sie für uns reine Schikane. Es dauerte zwei Jahre, bis wir endlich eigene Arbeitsplätze in den Räumlichkeiten der Parlaments-Handwerker:innen bekamen. Zwei Jahre! Da war die Hälfte der Legislaturperiode schon vorbei. Die Handwerker:innen mussten dafür eine Etage tiefer in den Keller ziehen.

So sah die Hierarchie im Parlament in den späten 1980er-Jahren aus. Uns war aber klar: Wir waren gekommen, um zu bleiben. Schritt für Schritt eroberten wir uns Raum im Hohen Haus. Es fühlte sich an wie bei einer Schlacht. Meter um Meter, Raum um Raum. Wir hatten Terrain gewonnen, die anderen verloren. Denn die beiden Regierungsparteien SPÖ und ÖVP hatten bei der Wahl insgesamt 14 Abgeordnete verloren. Das hieß: 14 Sitze im Parlament weniger für die Regierungsparteien, Verlust von Mitarbeiter:innen, weniger Geld, weniger Redezeit, weniger mediale Präsenz, weniger Einfluss. Die Vertreter:innen der anderen Parteien waren derart überrascht, dass jede:r Abgeordnete der Grünen einen eigenen Arbeitstisch samt Telefon hatte, dass sie beim Nationalratspräsidenten nachfragten, ob das tatsächlich stimmte. Was für eine Frage. Und ja, es stimmte: Wir hatten tatsächlich Arbeitsplätze! Dieser Umstand allein war offensichtlich schon Grund zur Panik bei den Altparteien. Hinzu kam noch, dass wir aus der jahrelangen Arbeit in Bürger:innenbewegungen, bei Demonstrationen und Protesten eines gelernt hatten: Aufmerksamkeit zu schaffen. Dabei durfte Aktionismus natürlich nicht fehlen. Bekanntlich ist der erste Eindruck der wichtigste.

||| Der Underdog legt los

Los ging es gleich auf dem Weg zur ersten Sitzung durch Schnee und Frost, als wir – eingepackt in dicke Mäntel und Schals – Koffer und Kisten in das Parlament mitbrachten. Darauf hatten wir Mahnungen und Forderungen geschrieben. Die Abgeordneten sollten gleich am ersten Sitzungstag daran erinnert werden, dass die Industrie unser Wasser vergiftet oder es eine gesetzliche Verankerung von Nationalparks braucht. Wir trugen grüne Themen buchstäblich in die Volksvertretung. Die erste Sitzung in jeder neuen Legislaturperiode im Parlament ist vergleichbar mit dem Fahnenaufmarsch bei Olympischen Spielen. Die Fraktionen ziehen in das Stadion ein, man winkt für die Fernsehkameras, lernt die Neuen kennen, plaudert ein wenig und beschließt das Pflichtprogramm. Wettbewerb ist für diesen Tag keiner vorgesehen.

Wir wollten das anders machen und brachten am ersten Tag gleich einen dringlichen Antrag zum Waldsterben ein. Das Spiel war eröffnet! Wir zogen in Richtung Tor und warteten auf Diskussionsbeiträge der anderen Mannschaften. Der Wald und wir Grüne hatten schließlich keine Zeit zu verlieren. Die unerwartete Spieleröffnung zeigte seine Wirkung und manch Abgeordneter fragte verdutzt innerhalb seines Klubs, ob er nun tatsächlich etwas sagen müsse.

Das Überraschungsmoment des Underdogs – das habe ich als Jugendlicher beim Fußball gelernt – ist eines der schlagkräftigsten Mittel der Opposition. In den ersten Jahren im Parlament lernten wir Grüne, es für unsere Zwecke einzusetzen. So zog ich im Mai 1987 bei meiner Rede im Plenum als Protest gegen Bundespräsident Kurt Waldheim eine Hakenkreuzfahne aus meiner Hosentasche, um zu veranschaulichen, unter welcher Fahne unser Staatsoberhaupt seine Pflicht erfüllt hatte.[2] Die Aufregung war groß und ging weit über die Grenzen Österreichs. Dazu erzähle ich an späterer Stelle noch mehr. Ein anderes Beispiel ist die Rede von Walter Geyer zum Waldsterben im Juni 1988. Sie dauerte 8 Stunden und 55 Minuten und war zu jenem Zeitpunkt die mit Abstand längste Rede im Parlament. Heute hält diesen Rekord Werner Kogler, der im Dezember 2010 im Budgetausschuss 12 Stunden und 42 Minuten lang gegen die Sparpläne der Regierung anredete.

I I I Klubstatus bringt Geld, Aufmerksamkeit und Streit

Unser Einzug in das Parlament und die Gründung eines Grünen Klubs im Nationalrat hatten einen großen Vorteil: Die Ökologiebewegung hatte nun ein Spielbein im wichtigsten Organ der Gesetzgebung. Der Klubstatus brachte uns finanzielle Mittel und mediale Aufmerksamkeit, die Debatten im Plenum öffentliche Wahrnehmung für unsere Ideen und Standpunkte. Nach über zehnjährigem Kampf – häufig ohne Bezahlung, Sicherheit und Perspektive – hatten auch wir Grüne etwas zu verteilen: Geld, Mandate, Jobs und Aufmerksamkeit.

Hierbei waren wir so menschlich wie jeder andere Abgeordnete im Hohen Haus. Neid und Eitelkeiten trafen auch uns und waren beileibe keine exklusiven Charakterzüge innerhalb der Altparteien. Wir Grünen mögen zwar die besseren Ideen für die Gestaltung der Welt haben. Aber eines sind wir nicht: die besseren Menschen. So führte der Einzug ins Parlament zu internen Streitigkeiten und Machtkämpfen. Oder besser gesagt: Der Einzug verschärfte diese sogar noch. Denn die Fragen, die bereits vor der Wahl die Grünbewegung hin- und herrissen, waren auch am Tag nach der Wahl noch nicht gelöst: Welche Art von Partei wollen wir sein? Wie sieht unser Programm aus? Was sind unsere Ziele? Wie wollen wir sie erreichen? Wie sieht das Verhältnis zwischen Partei und uns Abgeordneten im Parlamentsklub aus? Wie viel Basis verträgt die Arbeit im Parlament? Wie viele „Promis" im Parlament verträgt wiederum die Basis? Diese Fragen zu klären, stand uns noch bevor. Mir war klar, dass dieser Weg harte Auseinandersetzungen und erneute Kränkungen mit sich bringen würde. Dagegen war das Erkämpfen der Arbeitsplätze im Parlament ein Kinderspiel. Die Kämpfe innerhalb einer Partei sind meist heftiger als die Auseinandersetzung mit den politischen Gegner:innen.

Wir Grüne waren nun zwar im Parlament vertreten, wir waren jedoch weit davon entfernt, einig zu sein, wohin der Grüne Weg führen sollte. Wie konnten wir gemeinsam und nachhaltig – als Partei, Parlamentsklub und Ökologiebewegung – unsere Forderungen voranbringen und das Machtsystem angreifen, wenn selbst die gewählten Grünen Volksvertreter:innen nicht an einem Strang zogen?

||| Klub der Individualist:innen

Wer waren eigentlich die ersten acht Grünen im Parlament? Franz Schandl und Gerhard Schattauer schrieben in ihrer Geschichte der Grünen: „Der grüne Klub etablierte sich als Ansammlung von acht ‚Individualisten', die alle mehr oder weniger an ihrer eigenen Profilierung arbeiteten, und kaum an einer gemeinsamen Linie oder einem gemeinsamen Auftreten."[3] An dieser Einschätzung ist vieles richtig.

Klubchefin Freda Meissner-Blau war eine bürgerliche „Grande Dame", die wenig Lust auf die Mühen der täglichen Parlamentsarbeit hatte. In ihrem Windschatten agierte Peter Pilz, der Stimmungen und Schwächen innerhalb der Bewegung messerscharf wahrnahm und versuchte, sich und seine Themen durchzuboxen. VGÖ-Chef Josef Buchner war ein gescheiter Umweltpolitiker, stand der alternativen Grünbewegung aber stets skeptisch gegenüber. Der Schauspieler Herbert Fux war als Mensch ein lebensfrohes Unikat, als Abgeordneter im Parlament jedoch ein bunter Vogel, der sich nicht einfangen lassen wollte. Der Staatsanwalt Walter Geyer war ein ausgezeichneter Jurist, die raue politische Auseinandersetzung hat ihm aber nicht behagt. Manfred Srb war als Sozialarbeiter im Rollstuhl und Behindertensprecher inhaltlich ein wichtiger Teil des Grünen Klubs, genauso wie der katholisch geprägte Kärntner Slowene Karel Smolle in Fragen zum Schutz von Minderheiten. An Machtspielen und Konflikten waren beide aber nicht interessiert. Ich selbst saß zwischen den Stühlen. Oder – je nach Sichtweise – versuchte mich als Verbindungsmann.

In den jahrelangen Auseinandersetzungen der alternativen Bewegung habe ich gelernt, dass Konflikte ausgefochten werden müssen, um eine Gruppe voranzubringen. Gleichzeitig kann eine Bewegung nur Erfolg haben, wenn sie Unterschiede zulässt und eine gewisse Breite entwickelt. Keine politische Kraft kann nachhaltig etwas verändern, wenn sie auftritt wie im Film „Das Leben des Brian" der britischen Komiker Monty Python, in dem sich die „Judäische Volksfront" und die „Volksfront von Judäa" gegenseitig bekämpfen. „Es hat sich gezeigt, dass ‚Bewegung' alleine zu wenig ist. Nur wenn daraus politische Strukturen erwachsen, zeigt sie politische Wirkung", schrieb 1988 Peter Michael Lingens, damals Chefredakteur des Nachrichtenmagazins profil, treffend.[4] Trennungen sind manchmal notwendig, droht jedoch jeder Zweite einmal pro Monat mit Spaltung, ist bald die Luft draußen. Es geht darum, eine Balance zwischen Schlagkraft und Breite zu finden. Nicht alle – vor allem nicht alle in Führungsposition – besitzen diese Fähigkeit.

Wir Grüne haben uns immer schwergetan, diese Balance zu finden. Gelingt es einmal, sie herzustellen, werden manche in der Partei bald unruhig, rufen „Langweilig!" oder „Schärfe zeigen!" und das Pendel beginnt wieder zu schwingen.

I I I Wer tritt heute zurück?

Zu Beginn unserer Arbeit im Parlament hat das Pendel ordentlich geschwungen. Am 1. Dezember 1987, nicht einmal ein Jahr nach dem Einzug, haben wir Josef Buchner aus dem Grünen Parlamentsklub ausgeschlossen. Buchners Partei, die „Vereinigten Grünen Österreichs" (VGÖ), war im November als Gegenkandidatin zur „Grünen Alternative" bei den Landtagswahlen in Wien angetreten. Das Ergebnis: Unsere Grüne Liste hatte mit 4,4 Prozent knapp den Einzug verfehlt, Buchners Partei VGÖ war mit 0,84 Prozent klar gescheitert. Mühsam hatten wir die Jahre zuvor für eine gemeinsame Plattform gekämpft. Für die Nationalratswahl war uns das gelungen. Doch nun standen wieder zwei Grünparteien auf dem Wahlzettel und das Gezerre ging von vorne los. Diesen Rückschritt wollten wir nicht akzeptieren und schlossen Buchner aus dem Grünen Parlamentsklub aus. Ein schwieriger, aber notwendiger Schritt. Er führte in der Folge auch dazu, dass die VGÖ immer mehr an Bedeutung verlor und die „Grüne Alternative" als einzige relevante Grünpartei in Österreich übrigblieb. Manche Wegbegleiter:innen plädierten damals jedoch gleich für einen kompletten Neuanfang. „Die Partei ist hin, die nächste muss her" hieß zum Beispiel die Überschrift eines profil-Artikels von Günther Nenning kurz nach Buchners Ausschluss.[5]

Die Partei machte weiter, doch die Streitigkeiten innerhalb der Grünen nahmen erst ihren Anfang. Ein Jahr nach dem Ausschluss Buchners erklärte unsere Klubchefin Meissner-Blau am 11. November 1988 ihren Rücktritt von allen politischen Funktionen und legte ihr Mandat nieder. Sie sah einerseits ihr Ziel mit dem Einzug erreicht, andererseits hatte sie genug von den mühsamen Auseinandersetzungen innerhalb des Parlamentsklubs und der Partei. Mit ihr ging auch Walter Geyer, ihr Stellvertreter im Klub. Geyer, der vor seinem Wechsel in die Politik jahrelang als Staatsanwalt gearbeitet hatte, wurde das aufgewühlte Klima im Parlament zu viel. Ein Monat später verabschiedete sich auch Herbert Fux aus dem Parlament. Die Grünen waren erst seit zwei Jahren im Nationalrat, hatten aber nur mehr die Hälfte ihrer ursprünglichen Abgeordneten im Parlamentsklub. Eine 50/50-Quote, auf die wir nicht stolz sein konnten. Buchner machte als „wilder" Abgeordneter weiter, für Meissner-Blau, Fux und Geyer kamen Astrid Kuttner, Helga Erlinger und Holda Harrich in den Nationalrat. „Selbstmord auf Raten" oder „Wer erbarmt sich der Umweltpolitik?" lauteten daraufhin die Schlagzeilen zum Zustand der Grünen.[6]

I I I Plötzlich bin ich Klubobmann

Nach dem Rücktritt von Meissner-Blau übernahm ich im Herbst 1988 die Rolle als Klubobmann im Parlament. Der Job war ein Himmelfahrtskommando. Einerseits mussten wir grüne Themen wie Waldsterben, Luftverschmutzung und Verkehrswende in die Öffentlichkeit bringen. Gleichzeitig hieß es, bei vollem Tempo den Klub im Parlament zu konsolidieren, den Aufbau der Partei nicht aus den Augen zu verlieren, die Basis miteinzubinden und alle Egos halbwegs unter einen Hut zu bringen. Das alles innerhalb von zwei Jahren bis zur nächsten Nationalratswahl. Ich fühlte mich wie ein Jongleur im Zirkus.

Die Politikwissenschaftlerin Sonja Puntscher Riekmann, die zunächst als Referentin im Grünen Parlamentsklub arbeitete und danach das Parteiprogramm koordinierte, beschrieb die Ausgangslage so: „Ohne Ressourcen, Infrastrukturen und qualifizierte Politiker im Hauptberuf ist die Partei mit ihren vielen ehrenamtlich engagierten und gering bezahlten Aktivisten nicht in der Lage, Meinungsbildungen und Entscheidungsprozesse zu organisieren, deren Ergebnisse politische Autorität hätten und für die Mandatare verbindlich wären. Grün-alternative Politik ist in diesen ersten beiden Parlamentsjahren –

mit Ausnahme des Umweltbereichs – meist das Ergebnis von Klubentscheidungen auf Basis von Arbeit wissenschaftlicher Referenten und der diesen zugänglichen Experten, von Einzelpositionen der Mandatare, oft gar von spontanen Einfällen."[7]

Den Grünen Parlamentsklub zu übernehmen, hätte ordentlich nach hinten losgehen können. Zwei Jahre vor der Wahl war es alles andere als sicher, dass wir den Einzug nochmals schaffen würden. Damals habe ich die Situation so empfunden: „Ich selber habe schon hundertmal den Gedanken gehabt, aufzugeben. Aber wenn noch Hoffnung da ist, ist Resignieren keine Lösung."[8] Offenbar hatte ich auch damals noch den Glauben an die Richtigkeit unserer Sache.

Bei der Wahl im Jahr 1986 war der Wahlzuspruch für die Grünen und die FPÖ nicht weit auseinander. Gegen Ende der 1980er-Jahre gewann die FPÖ unter Parteiobmann Jörg Haider jedoch immer mehr an Zugkraft, während wir Grüne nicht vom Fleck kamen. Die FPÖ positionierte sich wie wir als Alternative zum etablierten Parteiensystem – und war damit bei Wahlen erfolgreicher. Wir waren trotzdem überzeugt, dass der Rechtspopulismus von Jörg Haider das Land in eine Sackgasse führen würde. „Haiders Angebot an die Wähler, einfach nur Dampf abzulassen, wird sicher einmal zusammenbrechen. Es ist nur die Frage, ob es da die Grünen als substantielle Organisation, als konstruktive Alternative, noch gibt", formulierte es Voggenhuber einmal eher skeptisch.[9] Und dann wieder zuversichtlich: „Dennoch oder gerade deswegen bin ich überzeugt, dass die FPÖ-Siege in dreißig Jahren eine Episode sein werden. Die Grünen werden dann vielleicht Mehrheitspartei sein."[10] Die Grünen selbst scheiterten zunächst jedoch daran, der Partei ein Programm zu geben. Der Entwurf von Voggenhuber und Puntscher Riekmann, der die Grünen als Opposition zur Zerstörung durch die Verwertungsinteressen des Kapitals positionieren wollte, wurde heftig kritisiert. Der Versuch der beiden, die Öko-Bewegung philosophisch zu begründen und eine Grüne Ästhetik als Korrektiv zur Marktwirtschaft zu formulieren, stieß auf wenig Verständnis. So gingen wir in die nächste Nationalratswahl ohne klares inhaltliches Fundament. Das Ergebnis war ein ziemlicher Dämpfer.

||| Hat Österreich nicht auf uns gewartet?

Am 9. Oktober 1990 stimmten lediglich 225.084 Österreicher:innen für uns – das waren fast 10.000 weniger als noch vier Jahre zuvor. Das bedeutete nur mehr 4,52 Prozent statt 4,82 Prozent. Lediglich aufgrund der geringen Wahlbeteiligung konnten wir unsere Mandate von acht auf zehn erhöhen. Mit mir zogen in das Parlament ein: Johannes Voggenhuber als Klubobmann, Rudi Anschober, Marijana Grandits, Christine Heindl, Monika Langthaler, Madeleine Petrovic, Peter Pilz, Manfred Srb und Terezija Stoisits. Die FPÖ gewann jedoch 15 Mandate hinzu und erreichte 33 Sitze. Die ÖVP rutschte katastrophal von 77 auf 60 Sitze ab, die SPÖ unter Kanzler Franz Vranitzky blieb stabil und hielt ihre 80 Mandate. Just zu jener Zeit, als der Eiserne Vorhang fiel und sich die Welt neu ordnete, liefen wir Grüne Gefahr, den Aufbruch in die neue Zeit zu verpassen. Bei den Nationalratswahlen konnten wir nicht zulegen und in den Landtagen in Wien, Niederösterreich, Oberösterreich, Kärnten und Burgenland waren wir immer noch nicht vertreten. Schlimmer noch, bei der Wahl in der Steiermark im September 1991 flogen wir sogar wieder aus dem Landtag. Neben den zehn Abgeordneten im Nationalrat hatten wir lediglich drei Landtagsabgeordnete in Tirol, zwei in Salzburg und zwei in Vorarlberg, das war unsere Situation zu Beginn dieses Jahrzehnts. Österreich hatte scheinbar nicht auf uns gewartet.

||| Das Parlament als echte Kontrollinstanz

Trotzdem: Bei allen Schwierigkeiten hatten wir die ersten turbulenten Jahre als politische Kraft im Parlament überstanden. Abnützungserscheinungen und Entfremdung zwischen der Grünen Basis und uns Abgeordneten machten der Grünen Sache zwar zu schaffen. Aber wir waren Teil des politischen Betriebs, hatten erste wichtige Erfahrungen gesammelt und konnten Erfolge im Parlament erzielen. So mancher Skandal und so manches Thema wären ohne unsere Arbeit nicht an das Licht der Öffentlichkeit gekommen. Peter Pilz hatte zum Beispiel durch seine Arbeit im Untersuchungsausschuss zum Schiffsunglück Lucona maßgeblichen Anteil daran, dass einer der größten Politikskandale der Zweiten Republik aufgearbeitet wurde.[11] Der U-Ausschuss trug unter anderem dazu bei, dass 16 Politiker:innen, Jurist:innen und Spitzenbeamt:innen ihre Ämter verloren hatten. Zudem mussten die beiden SPÖ-Schwergewichte Leopold Gratz als Nationalratspräsident und Karl Blecha als Innenminister zurücktreten. Der Drahtzieher des Skandals, Udo Proksch, war in SPÖ-Kreisen bestens vernetzt und wurde 1992 wegen sechsfachen Mordes zu lebenslanger Haft verurteilt. Ende der 1980er-Jahre trug auch der U-Ausschuss zum Noricum-Skandal, bei dem eine Tochterfirma der VÖEST illegale Waffenlieferungen an kriegsführende Länder im Nahen Osten tätigte, zur Aufdeckung des Skandals bei.

Spätestens mit diesen U-Ausschüssen war klar: Das Parlament ist seiner Funktion als bloße Durchwinkeinrichtung entwachsen und die Opposition als Kontrollinstanz hat Macht. Kurz nach dem Rücktritt von Leopold Gratz als Nationalratspräsident übernahm Heinz Fischer das höchste Amt im Hohen Haus. Der spätere Bundespräsident erkannte, dass sich die Rolle des Parlaments, die Parteienlandschaft und das politische System geändert hatten und behandelte die Opposition im Nationalrat als Partnerin auf Augenhöhe. Damit wurde auch der Zugang zu Informationen besser und die Transparenz im Hohen Haus nahm zu.

Ich selbst war in dieser Zeit Mitglied des Milchwirtschafts-Untersuchungsausschusses und Vorsitzender des Rechnungshofausschusses im Parlament. Der Milchwirtschafts-U-Ausschuss untersuchte Ende der 1980er-Jahre die beinharte Vormundschaft durch den ÖVP-nahen Raiffeisenkomplex, unter der die Landwirt:innen standen. Im Rechnungshof wiederum werden die vergangenen Regierungen genauestens auf ihre Ausgaben kontrolliert, gleichzeitig wird die laufende finanzielle Haushaltsführung der gesamten Exekutive beeinflusst. Seit 1964 war es Usus, dass die Opposition das Vorschlagsrecht erhält, wer Präsident:in des Rechnungshofes werden soll. Dabei geht es um eine Machtbalance und einen klugen Vorschlag für dieses hohe politische Kontrollamt, den die Regierungsparteien nicht oder nur schwer ablehnen können. Im Rechnungshofausschuss werden alle Berichte des Rechnungshofes behandelt. Er berät zudem alle Gesetzesvorlagen und Anträge, die sich auf den Rechnungshof beziehen. Stimmt darüber hinaus ein Viertel der Mitglieder des Nationalrates (mindestens 46 Abgeordnete) dafür, wird der Ständige Unterausschuss des Rechnungshofausschusses aktiv und prüft einen bestimmten Vorgang im Rahmen des Bundeshaushalts. In meiner Zeit waren dies etwa die Kompensationsgeschäfte des Bundesheeres bei Waffenkäufen oder der Bau der Ennsnahen-Trasse, ein Straßenbauvorhaben im steirischen Ennstal.[12] Macht wird immer über Geld und finanzielle Möglichkeiten ausgeübt. Der Rechnungshofausschuss ist daher ein zentrales Gremium, um Machtmissbrauch und Korruption nachzuspüren und in das politische Scheinwerferlicht zu rücken. Das Parlament sollte immer ein zentraler Ort dieser Auseinandersetzung sein, das Kernstück einer lebendigen Demokratie. Ich bin damals „in ein Haus gekommen, das mich an die großen Museen erinnert hat und das ab und zu von ein paar wichtigen Männern, kaum von Frauen bevölkert wurde", habe ich später in einem Interview über die Anfangsjahre gesagt.[13] Diese Zeit war nun vorbei. Zu dieser neuen Transparenz und Kontrollfunktion haben wir Grüne nachhaltig beigetragen und Bewegung in das politische System gebracht.

I I I Pendeln zwischen Pragmatismus und Utopie

Ein zentraler Ort der Auseinandersetzung blieb allerdings auch die Grüne Bewegung. Wir konnten uns bei den Wahlen im Herbst 1990 zwar im Parlament behaupten. Aber anstatt das letzte Jahrzehnt des 20. Jahrhunderts zu nutzen, um in Richtung Mehrheitspartei zu segeln, standen wir regelmäßig kurz davor, Schiffbruch zu erleiden. „Am losen Anker – zwischen Fundis und Realos", beschreibt Robert Kriechbaumer in seiner Geschichte der Grünen den Zustand unserer Partei in den 1990er-Jahren.[14] Johannes Voggenhuber, der nach der Wahl das Amt des Klubobmanns von mir übernommen hatte, verlor aufgrund seines nicht sehr diplomatischen Führungsstils intern an Rückhalt und wurde nach nur etwas mehr als einem Jahr von Madeleine Petrovic abgelöst. Die neue Frau an der Spitze unserer Parlamentsfraktion trat im Jänner 1992 an, um die Grünen zu einem „bedürfnisorientierten Pragmatismus" zu führen, der statt „bloßer Kritik" eintrat für „ein Denken in Alternativen: grüne Aufklärung jenseits von zynischer Vernunft und Ökoreligion."[15] Petrovic war überzeugt, dass immer dann, wenn „die Grünen aus den ideologischen Dichotomien ausgebrochen sind und konkrete Problemlösungen vorgeschlagen haben, sie an Profil gewinnen und die öffentliche Diskussion bestimmen […]."[16] Das hieß: mehr Alltagstauglichkeit, weniger Utopie. Einheitlicheres Auftreten nach außen, besserer Umgang mit Streitigkeiten intern.

Die 1990er-Jahre waren das Jahrzehnt der Fernsehdebatten und auch wir Grüne konnten uns dem Trend des Aufkommens von medialen Stars in der Politik nicht verwehren. Petrovic war ein gutes Beispiel dafür. Als Abgeordnete setzte die schlagfertige Juristin auf den Kampf gegen Gentechnik und grenznahe Atomkraftwerke sowie Gleichstellung und soziale Absicherung von Frauen und Tierschutz. Für die TV-Auseinandersetzungen im Wahlkampf wurde sie rhetorisch jedoch gecoacht und in ihrem Auftritt entwickelte sie sich von einer strickenden Umweltaktivistin zur telegenen Powerfrau. Die Antipartei-Partei bewegte sich immer rascher in Richtung ganz normaler Partei. Ein Prozess, mit dem einige haderten.

Bei der nächsten Nationalratswahl im Oktober 1994 – mit Petrovic als Spitzenkandidatin – zeigte sich das Zusammenspiel aus Inhalt und Auftritt als erfolgreich. Mit 338.538 Stimmen erreichten wir 7,3 Prozent (+2,5 Prozent) und konnten unsere Mandate von zehn auf dreizehn steigern. Und das, obwohl mit dem Liberalen Forum eine neue Partei in unserem Wählerteich fischte und mit sechs Prozent in den Nationalrat einzog. Die SPÖ verlor als Kanzlerpartei 15 Sitze, die ÖVP als Regierungspartnerin acht Mandate. Die Freiheitlichen legten erneut stark zu und erreichten 22,5 Prozent (+5,9 Prozent) bzw. 42 Mandate. Das Zweiparteiensystem der Nachkriegszeit war endgültig aufgebrochen.

Die Freude währte jedoch nur kurz. Ein Jahr später, am 17. Dezember 1995, fielen wir bei den vorgezogenen Neuwahlen wieder auf 4,81 Prozent und neun Sitze im Nationalrat. Selbst das Liberale Forum hatte nach der Wahl um einen Abgeordneten mehr als die Grünen. Die Besorgnis vieler Wähler:innen über eine mögliche schwarz-blaue Regierung ließ einerseits Stimmen von den Grünen zur SPÖ wandern. Petrovic konnte zudem ihren Elan als Spitzenkandidatin bei der zweiten Wahl innerhalb eines Jahres nicht behalten. Ein weiterer Faktor für das schwache Abschneiden war der Schwenk beim Thema Europäische Union. Der Großteil der Grünen stand einem EU-Beitritt lange Zeit ablehnend gegenüber. Nach der Volksabstimmung im Juni 1994, bei der zwei Drittel der Bevölkerung für den Beitritt stimmten, schwenkte die offizielle Parteilinie der Grünen jedoch auf EU-Kurs um. Die Folge: Die FPÖ sah ihre Chance, positionierte sich als einzige Anti-EU-Partei und schöpfte das Potenzial der EU-kritischen Wähler:innen ab.

Und wir? Wir waren im Parlament wieder dort angekommen, wo wir vor fast zehn Jahren gestartet waren. Für mich war einer der Gründe, weswegen wir nicht vorankamen, fehlende Entschlossenheit. Da hatte uns die FPÖ als Opposition etwas voraus. „Uns Grünen fehlt noch immer der Wille zum Mitgestalten. Bei aller Distanz zu den Vorstellungen des Jörg Haider:

Der vermittelt bei jedem seiner Auftritte, dass er gestalten will. Unser Engagement wird weiterhin als Vision verstanden, die Umsetzung überlässt man aber doch denen, die bei den Banken ein- und ausgehen", war ich damals überzeugt.[17] Nach der Wahl im Jahr 1995 zogen mit mir in den Nationalrat ein: Madeleine Petrovic als Klubobfrau, Alexander Van der Bellen als ihr Stellvertreter, Rudi Anschober, Monika Langthaler, Karl Öllinger, Terezija Stoisits, Johannes Voggenhuber und Theresia Haidlmayr. Petrovic blieb zwar Klubobfrau, ihre Position als Bundessprecherin der Partei gab sie jedoch auf. Diese wurde im März 1996 von Christoph Chorherr übernommen, der für die Grünen im Wiener Gemeinderat saß. Chorherr trat mit dem Anspruch an, die Grünen neben dem Umweltthema auch als Partei mit sozialer Kompetenz zu etablieren. Zudem wurde vor dem Hintergrund der Kriege im ehemaligen Jugoslawien und dem Völkermord in der bosnischen Stadt Srebrenica diskutiert, ob das grüne Grundprinzip der Gewaltfreiheit noch sinnvoll ist oder besser durch den Wert Frieden ersetzt werden solle. Ein unter Chorherr ausgearbeiteter neuer Programmentwurf der Partei stieß jedoch auf massiven Widerstand. Es werde „dieses Programm [...] nie geben", sagte etwa Johannes Voggenhuber, der mittlerweile für die Grünen im EU-Parlament saß.[18] Daraufhin warf Chorherr das Handtuch und erklärte am 27. Oktober 1997 seinen vorzeitigen Rückzug aus der Position des Bundessprechers. Seine Beweggründe: Es sei ihm eine Wende zur Realpolitik und die Formung eines Orchesters aus lauter Solisten nicht gelungen: „Ich habe die Streitereien satt, spreche aber der Partei Lernfähigkeit zu. Es gilt das Prinzip Hoffnung."[19]

||| Jörg Haider zieht davon

Kurz darauf, am 13. Dezember 1997, wurde Alexander Van der Bellen zum neuen Parteichef gewählt. Nicht alle waren mit dieser Wahl glücklich, verkörperte der Professor für Volkswirtschaftslehre doch eine Anpassung an einen pragmatischen Wirtschaftsliberalismus. Gleichzeitig hatten viele in der Partei

Sehnsucht nach Ruhe und Einigkeit und hofften, dass Van der Bellen mit seiner professoralen Art die Partei aus der Zerstrittenheit zu führen vermöge. Auch wenn dieser Weg zulasten inhaltlicher Auseinandersetzungen gehen würde. Die Wahl am 3. Oktober 1999 mit Van der Bellen als Spitzenkandidat gab diesem Weg zunächst recht. Wir Grüne erreichten 342.260 Stimmen, das waren 7,4 Prozent bzw. 14 Sitze. Die SPÖ stürzte von 71 auf 65 Sitze ab, die ÖVP konnte ihre Sitze mit 52 halten, das Liberale Forum flog nach fünf Jahren im Parlament raus. Der große Wahlsieger aber hieß Jörg Haider. Die FPÖ überholte sogar die ÖVP, legte von 41 auf 52 Sitze zu und saß wenige Monate später als Partnerin der ÖVP in der Regierung. 20 Jahre zuvor waren wir Grüne und die FPÖ bei Wahlen noch auf Augenhöhe gewesen. Nun hatten uns die Freiheitlichen weit zurückgelassen.

Wir hatten zwar das beste Ergebnis der Grünen bei Nationalratswahlen erreicht und über 100.000 Stimmen mehr als bei unserem Einzug im Jahr 1986. Im Vergleich zum Siegeszug der FPÖ war unser Ergebnis aber eine Enttäuschung. Wir standen am Beginn des 21. Jahrhunderts, der Klimawandel zeichnete sich immer deutlicher ab und die Schere zwischen Arm und Reich öffnete sich weiter. Trotzdem konnten nicht wir die unzufriedenen Wähler:innen gewinnen, sondern Jörg Haider mit seiner Politik der Angst und Polarisierung. Die Jahrtausendwende war nach dem Zusammenbruch des Ostblocks und den Kriegen in Ex-Jugoslawien geprägt von Flucht, Migration und Unsicherheit. Auf der Suche nach Antworten gaben die Menschen aber lieber der FPÖ ihre Stimme als den Grünen. Woran lag das? Das herauszufinden war nun bei einer neuen Generation an Grün-Abgeordneten. Ich selbst war bei der Wahl 1999 nach dreizehn Jahren im Nationalrat nicht mehr angetreten. Mein Mitarbeiter im Parlament, Werner Kogler, übernahm mein Mandat für den Wahlkreis Südoststeiermark. Mit ihm zogen in das Parlament ein: Alexander Van der Bellen als Klubobmann, Karl Öllinger als sein Stellvertreter, Eva Glawischnig, Peter Pilz,

Ulrike Lunacek, Gabriela Moser, Madeleine Petrovic, Dieter Brosz, Kurt Grünewald, Theresia Haidlmayr, Eva Lichtenberger, Wolfgang Pirklhuber und Terezija Stoisits.

Waren sie zu Beginn des neuen Jahrtausends in der Lage, den Trend umzukehren, die Streitigkeiten hintanzustellen und die Grüne Sache voranzubringen?

„Es ist keine Schande, die Grünen zu wählen"
Gespräch mit Heinz Fischer

Heinz Fischer war SPÖ-Wissenschaftsminister, als es zu den Protesten gegen das Kraftwerk Hainburg kam, Klubchef der Sozialdemokraten beim Einzug der Grünen in das Parlament und später Präsident des Nationalrats sowie Bundespräsident. Ich wollte wissen, was ihm durch den Kopf gegangen ist, als die Grünen plötzlich im Hohen Haus saßen und ob er glaubt, dass es in absehbarer Zeit eine rot-grüne Bundesregierung geben könnte.

Heinz Fischer ist ein kluger Mensch. Als ich im Juni 1998 das österreichische Neutralitätsgesetz in Form eines großen Plakates im Plenarsaal des Parlaments aufhängte, strich er mir leicht über die Schulter und sagte: „Ich werde dir nicht den Gefallen tun, das Plakat entfernen zu lassen." Mit dem Plakat wollte ich veranschaulichen, dass die Neutralität Österreichs mit der Umsetzung des EU-Vertrages von Amsterdam infrage gestellt wird. Denn dadurch wurde die Teilnahme an internationalen Kampfeinsätzen ermöglicht. Fischer, damals Nationalratspräsident, war erfahren genug, um zu wissen, dass ein Foto vom Entfernen des Neutralitätsgesetztes im Nationalrat eine äußert unglückliche Symbolik für die SPÖ erzeugt hätte. Ich habe Heinz Fischer während meiner Zeit als Abgeordneter als fairen Kollegen kennengelernt, dem die Partei nicht generell wichtiger ist als die Sache. Ein guter Grund, um den ehemaligen Bundespräsidenten zu fragen, ob er heute die Grünen wählen würde und ob er an eine linke Mehrheit in Österreich glaubt.

Du warst Klubobmann der SPÖ im Nationalrat, als wir Grüne in das Parlament eingezogen sind. Was ist dir damals durch den Kopf gegangen?
Ich hatte gemischte Gefühle. Ich war Wissenschaftsminister, als es zu den Protesten gegen das Kraftwerk in Hainburg kam. Der damalige Gewerkschaftschef Anton Benya hat sehr genau darauf geachtet, dass niemand die offizielle SPÖ-Parteilinie konterkariert. Auf der anderen Seite habe ich mich gegen ein Kraftwerk in Osttirol eingesetzt und als Präsident der Naturfreunde verstanden, dass die Anliegen der Grünen ein zentrales Thema unserer Zeit sind. Aber natürlich waren die Grünen eine Konkurrenz für uns. Bruno Kreisky, der für uns alle eine Leitfigur war, hat auch widersprüchlich auf die Grüne Bewegung reagiert. Er hat die Ergeb-

nisse des Club of Rome ernst genommen, war aber trotzdem für Kernkraftwerke, um den steigenden Energieverbrauch zu decken.

Bei den Protesten gegen Zwentendorf und Hainburg waren aber auch viele Menschen aus der SPÖ dabei.
Es war klar, dass auch die SPÖ Umweltpolitik machen muss. Wir Sozialdemokrat:innen waren aber der Meinung, dass es dafür keine eigene Partei braucht, da wir die besseren Grünen sind. Im SPÖ-Parteiprogramm von 1978 sind auch erste Grüne Ansätze drinnen. Aber die Interessen der Metallgewerkschaft und der Umweltschutz ließen sich nur schwer unter einen Hut bringen. Die SPÖ konnte damals vieles abdecken, aber das ging sich nicht aus. Die Gründung einer Grünen Partei war die logische Konsequenz.

Wir Grüne waren in manchen Aktionen nicht zimperlich. Hast du dir auch mal gedacht, dass wir zu weit gehen?
Ich bin Jahrgang 1938 und habe so manches unter „jugendlicher Überschwang" abgeheftet. Es war damals die Zeit neuer Ausdrucksweisen und Formensprachen – sowohl in der Politik als auch in der Kunst. Für die jungen Wilden war ich zu alt, aber ich war noch jung genug, um eure Art und Weise nachvollziehen zu können. Manche Aktionen fand ich allerdings kontraproduktiv.

Du meinst die Hakenkreuzfahne?
Zum Beispiel. Ich weiß, was du ausdrücken wolltest. Aber das Präsentieren dieser Fahne im österreichischen Parlament hat mich irritiert.

Für mich als Lehrer war es das klarste Bild, um auf diesen historischen Irrtum von Bundespräsident Waldheim hinzuweisen. Er meinte damals, er habe im Zweiten Weltkrieg nur seine Pflicht erfüllt – so wie Millionen anderer Österreicher auch. Aber unter welcher Fahne, in welchem Regime hat er das gemacht?
Wenn ich den Stalinismus anklage, dann halte ich es auch nicht für sinnvoll, ein Bild von Stalin oder eine Fahne mit Hammer und Sichel zu zeigen. Das, was ich verurteile, kann ich nicht gleichzeitig kommentarlos abbilden. Auch wenn es mahnend gemeint ist.

Dieser Fetzen Stoff mit einem Symbol darauf hat dargestellt, wie sich die Zweite Republik und Waldheim über diese Zeit hinweggeschwindelt haben. Darauf musste ich aufmerksam machen.

Andreas, ich würde sagen, das ist ein klassischer Fall von: We agree to disagree.

Als wir 1986 in den Nationalrat einzogen, war das Parlament wie ein Museum. Zu Beginn hatten wir nicht einmal Arbeitsplätze. Wie hat sich der Nationalrat mit dem Einzug der Grünen verändert?

Da muss ich weiter ausholen. Ich habe am 2. Jänner 1962 im Parlament zu arbeiten begonnen. Zunächst als Mitarbeiter des Zweiten Parlamentspräsidenten Friedrich Hillegeist und im SPÖ-Parlamentsklub. Weißt du, wie viele Menschen damals im Klub beschäftigt waren?

Sicher nicht sehr viele.

Sieben. Die Macht lag auch nicht im Parlament, sondern bei den Parteien, der Regierung und den Sozialpartnern. Ab den 1960er-Jahren wurden schrittweise weitere Räume angemietet – zum Beispiel in der Reichratsstraße – und spätestens mit dem Einzug der Grünen war klar, dass alle Parteien im Parlament davon profitieren, wenn die Arbeitsbedingungen besser werden. Diese sind in der Folge auch systematisch verbessert worden.

Du meintest vorhin, die Sozialdemokrat:innen seien die besseren Grünen. Bei den Grünen glauben wiederum viele, dass sie in Fragen der Sozialpolitik die besseren Roten seien. Die arbeitenden und einkommensschwachen Bevölkerungsschichten leider sicherlich am meisten unter dem Klimawandel. Wir leben in einem zerstörerischen Wirtschaftssystem, mit dem sich die SPÖ arrangiert hat. Als Grüner glaube ich, dass es keinen Kompromiss zwischen Ökologie und Ökonomie geben kann. Denn entweder wir zerstören die Natur oder wir tun das nicht. Das ist für mich der Hauptunterschied zwischen der SPÖ und den Grünen.

Dein Ausgangspunkt ist richtig und die SPÖ hat schon lange erkannt, dass nicht nur der Mensch, sondern auch die Natur ausgebeutet wird. Was die SPÖ sicherlich lange übersehen hat, ist, dass unsere Ressourcen nicht unendlich sind. Aber begrenztes Wachstum, wie es die erste Antwort auf den Bericht des Club of Rome war, ist auch noch nicht die Lösung. Was es braucht, ist Wirtschaftswachstum kombiniert mit einem Umbau der Gesellschaft in Richtung nachhaltige Energiequellen. Gleichzeitig muss die soziale Balance berücksichtig werden. Dafür steht die moderne Sozialdemokratie.

Wenn du heute 20 Jahre alt wärst, würdest du die Grünen wählen?
Ich habe nie mit der Versuchung gekämpft, eine andere Partei als die SPÖ zu wählen. Dafür sind meine emotionalen, familiären, politischen und biografischen Verbindungen mit dieser Partei zu eng. Daher stellt sich diese Frage für mich nicht. Es ist aber keine Schande, die Grünen zu wählen. Ich kann junge Leute verstehen, die für ihre Zukunft demonstrieren und sich auf der Straße festkleben, weil sie das Gefühl haben, dieser Protest ist der einzige Weg, damit Menschen innehalten und über ihr Verhalten nachdenken. Für die jungen Leute ist das eine Art Notwehr. Sie sind der Meinung, dass Leserbriefe zu schreiben, Resolutionen zu verfassen und an den Bundespräsidenten eine Unterschriftenliste zu schicken, keinen Sinn macht. Das ist nachvollziehbar, solange bei den Aktionen niemand zu Schaden kommt. Ich bin mir nur nicht sicher, ob gut gemeint immer auch gut ist.

Die SPÖ hat viel Erfahrung im Regieren mit der ÖVP. Nun sitzen erstmals die Grünen mit der ÖVP in der Regierung. Wie schlagen sie sich?
Regierungsarbeit für die Grünen ist sicher nicht einfach. Ich schätze die Arbeit einzelner Grüner Regierungsmitglieder, zum Beispiel der Justizministerin Alma Zadić und des Gesundheitsministers Johannes Rauch, der es besonders schwer hat. Aber wenn das Lob der Grünen Klubobfrau (Anm.: Sigi Maurer) für die ÖVP allzu dick aufgetragen wird, dann sinkt meine Sympathie zur Rolle der Grünen in der Regierung.

Für viele Grüne war es immer das Ziel, eine Reformregierung von SPÖ und Grüne zu erreichen. Österreich ist derzeit aber sehr weit weg von einer linken Mehrheit. Ist unser Land zu konservativ?
In den 1970er-Jahren gab es unter Bruno Kreisky eine linke Mehrheit. Kreisky hat aber auch viele Bürgerliche angesprochen. Aber du hast recht, momentan schaut die Prognose nicht gut aus. Seit den 1980er-Jahren ist das deutschnationale Lager deutlich gewachsen und die Grüne Partei hat sich etabliert. Damit ist das politische Leben im Parlament bunter geworden, die Regierungsbildung jedoch schwieriger. Das bürgerliche und das nationale Lager, verbunden mit Wutbürger:innen und einem Antiflüchtlingsreflex, sind sehr dominant. Dazu kommt noch, dass die letzten Jahre geprägt waren von Wirtschaftskrisen, Pandemie und Infla-

tion. Wir müssen uns auf eine sehr schwierige Situation in der Politik in Österreich in den nächsten Jahren gefasst machen. Eine Regierungsmehrheit aus SPÖ, Grüne und Neos wird daher nach der nächsten Wahl kaum zu finden sein.

Wir beide haben fast unser ganzes Leben in der Politik verbracht. Du hast es sogar bis zum Bundespräsidenten geschafft. War es das für dich wert – ein Leben in der Politik?
Ein Leben in der Politik kann auch scheitern. Ob Sebastian Kurz mit seiner politischen Karriere glücklich ist, weiß ich nicht. Ich habe im Oktober 1962 – kurz vor der Nationalratswahl – hin und her überlegt, ob ich tatsächlich in die Politik gehen oder lieber Anwalt werden soll. Meine Entscheidung fiel für die Politik und ich habe es nie bereut.

Oktober 1962? Da war ich gerade elf Jahre alt, im Internat in Graz und habe den SPÖ-Spitzenkandidaten Bruno Pittermann gegen meine ÖVP-freundlichen Mitschüler verteidigt. „Pittermann für jedermann. Jedermann für Pittermann" war damals der Slogan.
Die ÖVP hat daraus gemacht: „Wählt jedermann den Pittermann, wird's bitter dann für jedermann."

Das hätte von den Grünen sein können.

Heinz Fischer (84) war von von 2004 bis 2016 Bundespräsident und von 1990 bis 2002 Nationalratspräsident, von 1975 bis 1990 Klubobmann der SPÖ im Nationalrat und von 1983 bis 1987 Wissenschaftsminister.

Kapitel III

Richtig Streiten!

Warum die Grünen regelmäßig vor der
Selbstzerfleischung stehen

Streiten wir Grüne gerne? Das hoffe ich doch! Streiten als Auseinandersetzung ist wichtig. Gerade für ein Land wie Österreich, das keine Konfliktkultur hat, ist die Fähigkeit zum respektvollen Streit ein hohes Gut. Streiten die Grünen aber häufig bis zur Selbstzerfleischung? Wenn ich an die Anfangszeit denke, stimmt das sicherlich. Schaue ich in die jüngste Vergangenheit, muss ich jedoch mit einem Seufzer immer noch sagen: Sieht ganz danach aus. Ein Blick in die Zeitungsarchive der letzten Jahre scheint das zu bestätigen:

11. August 2010: „Spaltung: Grüner Alptraum in Wien-Josefstadt"[1]

30. März 2017: „Abspaltung: Grüne trennen sich von Jungen Grünen"[2]

24. Juli 2017: „Pilz mit eigener Liste: Erste Spaltung der Grünen seit 31 Jahren"[3]

22. August 2021: „Wegen Koalition: Ehemalige Wiener Grünen-Chefin Hebein tritt aus Partei aus"[4] und einen Tag später die Frage: „Zersprengt es jetzt die Grünen?"[5]

24. November 2022: „Grüne Spaltung im Innsbrucker Gemeinderat"[6]

12. Mai 2023: „Spaltung bei den Kärntner Grünen"[7]

Wenn ich diese Schlagzeilen lese, beschleicht mich das komische Gefühl, dass wir Grüne in konsequenter Regelmäßigkeit das Gegenteil von dem machen, was wir selbst fordern. Anstatt zu verbinden, haben wir offenbar eine Tendenz zum Spalten. Zumindest was den Umgang in der eigenen Partei betrifft. Sind wir Grüne schlechte Streiter:innen? Sind wir Menschen mit guten Ideen, aber miserabler Konfliktfähigkeit? Verlassen wir die Partei gerne im Groll? Wissen wir Grüne nicht, wie wir mit Macht umgehen sollen? Oder sind die Grünen einfach die einzige Partei, die ihre hehren Ziele wirklich ernst nimmt und vehement vertritt? Derart vehement, dass es unter allen Beteiligten regelmäßig zum Krach kommt. Aber ist es nicht besser, im Streit für eine gute Sache auch mal über das Ziel hinauszuschießen, als nur der schnöden Parteidisziplin zu folgen? Wir Grüne wollten ja immer anders sein als die anderen Politiker:innen und Parteien.

Antwort auf all diese Fragen gibt ein schlichtes, vierseitiges Papier. Gut verstaut liegt das Dokument in einem Umzugskarton im ehemaligen Kuhstall meines Hauses in der Südsteiermark. Es beschäftigt sich mit der Frage, wer die Grünen sein wollen. Denn darauf scheinen die Grünen regelmäßig neue – und manchmal widersprüchliche – Antworten zu geben. Am Ende steht jedoch häufig keine gemeinsame Linie, sondern ein ordentlicher Krach. Die Konsequenz: Ist der Rauch verflogen, heißt es für die Partei zurück an den Start. Wieder einmal. Das aufbewahrte Papier in meinem Umzugskarton könnte helfen, dieser Dynamik entgegenzuwirken. Aber bevor wir dazu kommen, blicken wir kurz hinein in die jüngsten Streitigkeiten der Grünen und welche Fehler dazu beigetragen haben.

I I I Inhaltlicher Stillstand unter Van der Bellen

Bundessprecher und Klubobmann Alexander Van der Bellen hat die Partei Anfang des Jahrtausends bei Wahlen zwar konsolidiert. 2002 erreichten die Grünen 9,47 Prozent (+ 2,07 Prozent) und 20 Sitze (+ 3) bei den Nationalratswahlen.[8] Vier Jahre später konnte das Ergebnis sogar auf 11,05 Prozent und 21 Sitze gesteigert werden.[9] Bei der nächsten Wahl im Jahr 2008 ging es aber bereits wieder bergab und die Grünen erreichten nur mehr 10,43 Prozent und 20 Sitze im Nationalrat.[10] Inhaltlich traten die Grünen in dieser Zeit jedoch auf der Stelle. Van der Bellen konnte die Partei programmatisch nicht voranbringen. Zu Beginn seiner Zeit als Parteichef der Grünen meinte der heutige Bundespräsident über sich selbst: „Ich habe meinen Weg gemacht: von einem arroganten Antikapitalisten zum großzügigen Linksliberalen."[11] Zu den Grünen kam Van der Bellen, der als Professor für Volkswirtschaft an der Universität Wien arbeitete, ausgerechnet über Peter Pilz. Van der Bellen, wie Pilz früher einmal SPÖ-Mitglied, betreute in den 1980er-Jahren die Doktorarbeit von Pilz. Kurz vor der Wahl von Van der Bellen zum Bundespräsidenten verschwand allerdings das Linke aus dem politischen Selbstverständnis des ehemaligen Grünen-Chefs. Er sei mittlerweile ein Liberaler, so Van der Bellen in seiner

Autobiographie aus dem Jahr 2015.[12] Sein Freiheitsbegriff ließe sich am besten an den Ansichten des britischen Philosophen John Stuart Mill festmachen. Mill war, vereinfacht gesagt, in seiner Schrift „Über die Freiheit" der Meinung, dass jeder Mensch die Freiheit haben sollte, zu denken und zu handeln, wie er möchte, solange er keinem anderen Menschen damit schadet. Dieses Recht sei nicht nur für die Entfaltung jedes Individuums wichtig, sondern auch für das Vorankommen der Gesellschaft.

Für mich ist das ein Zugang, der vielmehr beim Liberalen Forum bzw. den Neos sein Zuhause hat als bei den Grünen. Ich bin aber daran interessiert, wie unsere Partei vorankommen kann. Als Van der Bellen im Dezember 1997 die Partei als Bundessprecher übernahm, fragte ich ihn beim Bundeskongress in Salzburg, wohin er die Grünen inhaltlich führen wolle. Seine Antwort war unklar und ging in Richtung „Mitte der Gesellschaft". Aber seine väterliche und professorale Art, sein trockener Humor und seine Art, die Dinge häufig in einem milden Das-werden-wir-schon-sehen-Stil zu kommunizieren, brachten ihm bei vielen Grün-Funktionär:innen und Wegbegleiter:innen Sympathien ein. Zudem konnten die Grünen bei den Wahlen mit Van der Bellen als Aushängeschild punkten – vorerst zumindest.

Van der Bellen war allerdings kein Grüner im klassischen Sinne der Parteitradition. Er war ein nachdenklicher, liberal gesinnter, freundlicher Mensch, der Konflikten lieber aus dem Weg ging und die Partei kuschelweich machte. Dabei blieb die Essenz der Grünen Idee auf der Strecke. „Eine politische Partei, die sich jenseits der zehn Prozent ansiedeln möchte, muss eine Partei sein und nicht Greenpeace. Es kann keine ‚Single-Issue'-Partei in dieser Hinsicht geben, das funktioniert nicht. Gerade wenn man diesen grünen, ökologischen Kern ernst nimmt, dann muss man schauen, dass man als Partei überlebt, dazu braucht man auch Sozialpolitik, Frauenpolitik, Friedenspolitik", sagte Van der Bellen Ende der 1990er-Jahre über die zukünftige Ausrichtung der Grünen.[13] Was das genau bedeutet, war jedoch nicht klar. Er sehe, so formulierte Van der Bellen außerdem, keinen Widerspruch zwischen wirtschaftlichem Wachstum und ökologischen Fragen. Als Ökonomieprofessor sehe er Natur und Ökologie auf der einen Seite sowie Gesellschaft und Wirtschaft auf der anderen Seite als ebenbürtige Partnerinnen. Das Beste aus beiden Welten sei demnach möglich.

Der Kern der Grünen Idee ist jedoch, dass es nur eine Welt gibt und die Umwelt immer im Zentrum der Politik stehen muss. Das Treiben des Menschen, als Wirtschaft und Gesellschaft, leitet sich aus dieser Prämisse ab. Die Ökonomie ist ein Sonderfall der Ökologie und dieser nachgeordnet.

Diese Einsicht ist der Grundbaustein Grüner Politik. Van der Bellen wollte der Partei neben dem grünen Anstrich einen roten geben – ohne jedoch ein klares Bild davon zu haben. Robert Kriechbaumer schreibt in seinem Buch über die Geschichte der Grünen über diesen Wechsel und Van der Bellens letzte National-ratswahl als Spitzenkandidat im Jahr 2008: „Die Wahlstrategie der Grünen, mit einer deutlichen programmatischen Links-wende sowie verteilungspolitischen Maximalforderungen im Lager der SPÖ-Wähler zu reüssieren, mit einem Frauen- und Jugendwahlkampf ihre Kernwählerschichten anzusprechen und durch den Schwerpunkt Menschenrechte und Asyl vor allem Linksintellektuelle zu gewinnen und die Nationalrats-wahl zur Richtungsentscheidung zwischen Grün und Blau (FPÖ) zu stilisieren, scheiterte."[14] Van der Bellen hatte ein Wahl-ziel von 17 Prozent ausgegeben. Geworden sind es etwas über zehn Prozent. Dementsprechend war die Enttäuschung in der Partei groß und die Stimmung schlecht. Johannes Voggenhuber ortete zu jener Zeit „gefährliche Ermüdungserscheinungen"[15] bei den Grünen, bedauerte einen „Anpassungsprozess an die anderen Parteien"[16] und war der Meinung, dass die Partei-spitze „die Krise nicht verstanden"[17] habe. Christoph Chorherr, Vorgänger von Van der Bellen als Bundessprecher und sicher-lich mehr Pragmatiker als Utopist, meinte zur Situation vor der Wahl: „Wenn wir bei der nächsten Nationalratswahl mit der gleichen Truppe antreten, dann ist das keine Innovation."[18]

Für meine Spurensuche hätte ich darüber gerne mit Van der Bellen gesprochen. Als aktueller Bundespräsident ist es jedoch seine Linie, die Geschicke der Grünen und seine Zeit als Parteichef nicht zu kommentieren.

||| Ein No-Go bei den Grünen

Es war ein Maß an Stagnation erreicht, das nicht mehr ignoriert werden konnte. Nach der Wahl im Jahr 2002 standen die Grünen erstmals vor einer Regierungsbeteiligung. Ein Übereinkommen mit der ÖVP scheiterte aber an den Forderungen des damaligen Bundeskanzlers Wolfgang Schüssel. Eine Zusammenarbeit mit der ÖVP war zu diesem Zeitpunkt für die Grünen nicht möglich ohne ihr Gesicht zu verlieren, obwohl Van der Bellen als potentieller Vizekanzler eine Koalition anstrebte. Vor allem die Anschaffung der Kampfflugzeuge Eurofighter war am Ende eine klare Grenze für die Grünen und die Verhandlungen scheiterten.

Nach den gescheiterten Verhandlungen formte die ÖVP erneut eine Koalition mit der FPÖ. Die Folgen sind bekannt: Jörg Haider spaltete sich von der FPÖ ab und gründete im April 2005 das Bündnis Zukunft Österreich (BZÖ), das die Regierungsämter in der Koalition von der FPÖ übernahm. 18 Monate später zerriss die ÖVP-BZÖ-Regierung und nach den Neuwahlen im Herbst 2006 wurde SPÖ-Chef Alfred Gusenbauer neuer Kanzler. Von diesen innenpolitischen Turbulenzen konnten die Grünen aber nicht profitieren und nach der nächsten Wahl im Herbst 2008 stand die Partei wieder vor einer unklaren Zukunft. Die Kritik an Van der Bellen nahm hinter vorgehaltener Hand zu. Um das Ausbrechen einer offenen Führungsdebatte zu verhindern, leitete Van der Bellen rasch einen Wechsel ein.

Am 3. Oktober 2008 erklärte Van der Bellen seinen Rücktritt als Bundessprecher und präsentierte seine Stellvertreterin Eva Glawischnig als Nachfolgerin. Glawischnig war seit 2002 stellvertretende Bundessprecherin der Grünen und gleichzeitig Klubobmann-Stellvertreterin im Nationalrat. Sie ist eine kluge, ehrgeizige und einnehmende Frau. Ich selbst habe sie in den frühen 1990er-Jahren beim Protest gegen die Ennsnahe-Trasse in der Obersteiermark kennengelernt. Sie studierte damals Jus in Graz und arbeitete für die Umweltschutzorganisation GLOBAL 2000. Ich sah ihr politisches Talent und Fachwissen und ermutigte sie, in die Politik zu gehen. Nun – rund 15 Jahre später – war sie die neue Chefin meiner Partei. Inhaltlich gab es daran nichts auszusetzen. Allerdings wurde Glawischnig von Van der Bellen in diese Position gehoben – ein Novum und No-Go bei einer Partei wie den Grünen. Solche Vorgänge kannten wir nur von den Altparteien. Zwar war der Bundesvorstand in die Entscheidung involviert, aber sie widersprach der grünen Tradition, dass Bundessprecher:innen nach einem demokratischen Prozess und der Möglichkeit zur Diskussion vom Bundeskongress gewählt werden. Die Vorgehensweise Van der Bellens war neben der vermeintlichen Eile auch seiner Konfliktscheue geschuldet. Nichts sprach dagegen, eine Kandidatin zu präferieren und zu unterstützen. Dem Entscheidungsprozess jedoch vorzugreifen, indem man eine Nachfolgerin designiert und mehr oder weniger im Alleingang der Presse vorstellt, war nicht nur undemokratisch der Grünen Basis gegenüber, sondern auch strategisch unklug. Denn die Unstimmigkeiten, die Van der Bellens Vorgehen hervorrief, waren von Beginn an eine Last auf den Schultern seiner Nachfolgerin.

Als Bundespräsident macht Van der Bellen heute eine gute Figur und ich bin froh, dass er Österreichs Staatsoberhaupt ist. Die Rolle des Mahners mit dem guten Gewissen, gespickt mit einer Prise Humor, entspricht seinem Naturell. Seine Diplomatie hat die Grüne Sache aber in entscheidenden Fragen blockiert. „Die Partei bot nach Alexander Van der Bellen, dessen hohe persönliche Sympathiewerte über klare inhaltlich-thematische Schwächen hinwegtäuschen, ein bundespolitisch verschwommenes Bild",[19] analysiert Robert Kriechbaumer die Lage beim Rückzug von Van der Bellen. Er hält zu den Grünen fest: „In der sich ändernden politischen Landschaft war eine deutliche ideologische Positionierung nötig, bei der sie allerdings kein einheitliches Bild boten."[20]

Und Eva Glawischnig? Die neue Bundessprecherin wurde im Jänner 2009 mit historischen 97,4 Prozent zur Nachfolgerin Van der Bellens gewählt. Doch die Zustimmung war trügerisch. So schrieb die Journalistin Maria Zimmermann über das Ergebnis: „Es wird klar, dass Glawischnig die einzige Chance ist, die die Ökopartei hat. Doch fast 100 Prozent Zustimmung sind nicht nur kaum zu toppen. Sie bedeuten auch 100 Prozent Verantwortung. Die neue Bundessprecherin ist ab sofort an allem schuld, was schiefläuft."[21] Diese Einschätzung hatte etwas Prophetisches und bald darauf gingen die Dinge ordentlich schief. In die Zukunft blickte auch Glawischnig am Tag ihrer Wahl zur Parteichefin, als sie am Bundeskongress eine Rede hielt mit dem Titel: „Wozu braucht es die Grünen noch?"

III Spurensuche

Mein Leben als Politiker habe ich in hellbraunen Umzugskartons verstaut. 25 Jahre stapeln sich darin. Über zehn Jahre als Grüner Aktivist und Funktionär in der Gründungsphase, dreizehn Jahre als Nationalratsabgeordneter im Parlament und ein Jahr als Klimaschutzbeauftragter von Bundeskanzler Alfred Gusenbauer. Ein Vierteljahrhundert in der österreichischen Politik. Das ist nicht wenig Lebenszeit. Die Kartons stehen heute in einem Abstellzimmer in unserem Bauernhof in der Südsteiermark. Dort, wo vor der Sanierung der Kuhstall untergebracht war. Zwischen den Kartons liegen Plakate aus verschiedenen Wahlkämpfen und sammeln Staub. Wenn ich mich heute durch die vielen Dokumente wühle, muss ich über so manches Fundstück lachen.

Darunter sind zum Beispiel alte Zeitungsartikel zu finden, die vor mir als möglichen Minister warnen („Molterer mobilisiert die Bauern: Wabl als Landwirtschaftsminister?") oder meine Kritik an Parteientscheidungen thematisieren („Grüner Ärger über Wabl"). Darunter sind auch amüsante Karikaturen von

Gerhard Haderer oder Dieter Zehentmayr zu Aktionen von mir zu finden. Über manche Dinge in diesen Kartons kann jedoch selbst ich nicht lachen. „Tod den grünen Marxisten-Schweinen. Hochverräter an den Galgen!", steht da auf einem Drohbrief. Ein anderes Schreiben – gezeichnet mit „Ein Frontoffizier des 2. Weltkriegs" – enthält folgende Beleidigung: „Herr Abgeordneter W a b l! Sie sind die mieseste Politiker-Kreatur, die mir in meinem langen, schweren Leben je untergekommen ist […]!" In den Kartons finden sich aber auch schöne Erinnerungen, wie ein Foto von mir und Nationalratspräsident Heinz Fischer auf der Chinesischen Mauer anlässlich einer Reise des Parlaments nach China.

Versteckt zwischen den zahlreichen Papieren, Zeitungsausschnitten und Erinnerungen befinden sich auch interne Dokumente, Faxe (!) und Nachrichten aus dem Grünen Parlamentsklub. Lese ich mir diese heute durch, muss ich einerseits schmunzeln ob der vielen Auseinandersetzungen. Mit einigen Jahrzehnten Abstand wirkt so manches, was damals dringend und wichtig war, wie eine verblasste Postkarte. Andererseits bringt mich der Ausflug in das Innere der Grünen Streitigkeiten zum Nachdenken und ich frage mich, ob wir – als Menschen und als Partei – nichts dazulernen. „Unvermögen miteinander zu reden!" habe ich im Jänner 1992 mit Kugelschreiber auf ein Papier zum Bundesausschuss geschrieben. „Zu reden" habe ich dabei extra unterstrichen. Der Anlass dieser Sitzung war die Ablöse von Johannes Voggenhuber als Klubobmann durch Madeleine Petrovic. „Der Bundesausschuß weist diese ‚putschartige' Vorgangsweise mit aller Deutlichkeit zurück" steht auf dem Papier unter Punkt 2 geschrieben. Unter Punkt 5 heißt es weiter: „Der Bundesausschuß stellt fest, daß Entscheidungen dieser politischen und öffentlichen Tragweite nicht ohne Einbeziehung der zuständigen Parteigremien zu treffen sind." Diesen Satz hätten sich die Grünen per Copy & Paste zwischenspeichern können, um ihn beim nächsten Anlass – und davon gab es genug – parat zu haben. Copy & Paste würde sich auch für die Beschwerde von Doris Pollet-Kammerlander aus den Anfangsjahren anbieten, die ich auf einem vergilbten Blatt Papier in meinem Karton gefunden habe. Pollet-Kammerlander, von 1983 bis 1986 Grüne Gemeinderätin in Graz und später Abgeordnete im Nationalrat, schickte am 15. November 1991 eine Stellungnahme per Fax an den Klub, in der sie ihrer Enttäuschung über die Gesprächskultur der Grünen Luft machte: „In der Diskussion um die Bundespräsidentenwahl ist es uns wieder einmal gelungen, wie schon bei einigen Beispielen in den letzten Monaten, einen richtigen Zick-Zack-Kurs in der Öffentlichkeit zu präsentieren." Das Fax war in den 1990er-Jahren das bevorzugte Mittel, um intern Dampf abzulassen. Es ging schnell, erreichte mehrere Adressaten, vermied aber das direkte Gespräch. Heute läuft das Dampfablassen per SMS, E-Mail und WhatsApp ab. Der Nachwelt erhalten bleibt diese Form der Kommunikation aber zum Glück trotzdem, wie wir aus den zahlreichen ÖVP-Chats rund um die Kanzlerschaft von Sebastian Kurz wissen.

Monika Langthaler musste am 2. Juni 1997 noch ein Fax schicken, um ihrem Ärger Luft zu machen. Im Vorfeld unserer Klubklausur schrieb die damalige Nationalratsabgeordnete folgende Worte: „Ich habe diese langweiligen Intrigen von einigen im Klub dermaßen satt, daß ich am liebsten nicht die Ausschüsse, sondern grüne Klubsitzungen, die offensichtlich sowieso nichts bringen, boykottieren würde." Langthaler verließ wenige Jahre später tatsächlich die Politik. Heute ist sie Direktorin des „Austrian World Summit – The Schwarzenegger Climate Initiative", einer internationalen Klimakonferenz in Wien, die Langthaler gemeinsam mit Arnold Schwarzenegger organisiert.

||| Verändern statt verändert werden

Intrigen, Zick-Zack-Kurs, nicht miteinander reden – dieser Dreiklang begleitet die Grünen seit ihren Anfängen. Woran liegt das? Das zuvor erwähnte, dünne, vierseitige Dokument aus dem Jahr 1991, das ich in meinen Umzugskartons gefunden habe, hilft uns auf der Suche nach Antworten weiter. „Verändern statt verändert werden – Überlegungen zum Profil der Grünen Alternative" heißt die Überschrift des Papiers. Geschrieben hat es

Franz Floss, damals Bundesgeschäftsführer der Partei, für den Bundesausschuss der Grünen im November 1991. Floss schreibt darin:

„Zwei konditionierte Reflexe beherrschen grünalternative Reaktionen auf Niederlagen und Mißerfolge. Einerseits ein Einigeln, ein trotziges ‚Hindurchtauchen', ein Beharren auf ‚Prinzipien', wo jede Diskussion schon den Makel des Verrates bekommt. Und – konträr dazu – die Flucht nach vorne, der Ruf nach einer ‚modernen, lächelnden Partei', einer Partei des über Bordwerfens von politischen Grundsätzen, wenn sie als Ballast für Stimmenoptimierung und möglicher angestrebter Regierungsbeteiligung empfunden werden. Beide Reflexe zeichnen sich durch einen geradezu atemberaubenden Mangel an dahinterliegender politischer Analyse aus, der am besten dadurch dokumentiert wird, daß der Hauptstreit nicht um die Einschätzung der politischen Situation in Österreich und einer Strategie der Grünen Alternative geht, sondern ums ‚Innenleben': um die Notwendigkeit der ‚Promis', die angebliche ‚Verbohrtheit' der ‚Basis', der Professionalität des Parteimanagements und der Verein- bzw. Unvereinbarkeit von Mandaten und Parteifunktionen. So wichtig all diese Dinge auch sind, wage ich die These, daß all diese Diskussionen zwar sehr beschäftigungsintensiv sein mögen, dafür aber meilenweit vom wirklichen Kern unserer Probleme entfernt liegen: von der Bestimmung unserer politischen Identität."

Mehr als 30 Jahre später klingen diese Sätze immer noch aktuell. Die politische Identität der Grünen: Was macht sie aus? Was würden die Teilnehmer:innen der Friedensdemonstration aus dem Jahr 1982 heute darauf antworten? Was die junge Frau mit dem Pony-Haarschnitt? Was die feine ältere Dame mit den Ohrsteckern? Was der Mann mit dem Eisenbahnerkapperl? Was würden die jungen Menschen bei den Fridays-for-Future-Demonstrationen sagen? Was die Aktivist:innen, die monatelang im Protestcamp gegen die Lobau-Autobahn ausharrten?

Was würden jene auf diese Frage antworten, die sich aus Protest gegen den Klimawandel auf Straßen festkleben? Und was würden im Jahr 2023 – 40 Jahre nach den Protesten von Hainburg – die Abgeordneten im Nationalrat sowie die Minister und Ministerinnen der Grünen in der Regierung darauf antworten: Was ist heute die politische Identität der Grünen?

Die Grünen waren immer stark, wenn ihre Standpunkte klar erkennbar waren. Das ist besonders wichtig, wenn man im Vergleich zu den anderen Parteien weniger Ressourcen und Einfluss hat. Die Grünen geraten jedoch immer ins Straucheln, wenn sie es zulassen, dass ihre internen Differenzen die Partei aushöhlen. Es kracht stets dann gewaltig, wenn sie keine klare Antwort auf die Frage nach ihrer politischen Identität finden und gleichzeitig in der Lage sind, alle Flügel zu verbinden. Politische Identität ist natürlich nichts Starres. Sie muss sich immer wieder finden, darf dabei seine Grundwerte aber nicht verlieren. Das ist keine leichte Aufgabe. Genaugenommen ist es die schwierigste Aufgabe von allen: Für eine Gruppe von Menschen, für eine Partei verantwortlich zu sein. Mit ihnen voranzukommen, sich dabei zu wandeln und treu zu bleiben und gleichzeitig alle auf diesem Weg mitzunehmen. Das ist eine hohe Kunst. Eine Kunst, die nur wenige über einen längeren Zeitraum beherrschen. Aber genau diese ist den Grünen in der Zeit von Glawischnig als Parteiobfrau mehrmals abhandengekommen und brachte die Grünen an den Rand ihrer Existenz.

I I I Konflikt der Generationen

Gleich die erste Richtungsentscheidung unter Glawischnigs Führung war kein Ruhmesblatt für die Grünen. Im Jänner 2009 kam es zur Stichwahl zwischen Johannes Voggenhuber und Ulrike Lunacek um die Spitzenkandidatur bei der EU-Wahl im selben Jahr. Voggenhuber war seit dem EU-Beitritt Österreichs im Jänner 1995 der am längsten dienende Grün-Abgeordnete im EU-Parlament und hatte sich in Brüssel einen Namen als Europapolitiker gemacht. Lunacek war seit 1999 im Nationalrat und im Grünen Klub außen- und entwicklungspolitische Sprecherin sowie Sprecherin für die Gleichstellung von Lesben, Schwulen und Transgenderpersonen. Beide hatten hohe fachliche Kompetenz in Fragen der Europapolitik. Aber in gewisser Weise standen sich hier zwei Generationen von Grünen gegenüber und der Parteiführung gelang es nicht, diese in eine gemeinsame Richtung zu lenken. Lunacek konnte die Stichwahl am Bundeskongress für sich entscheiden, woraufhin Voggenhuber erklärte, den zweiten Listenplatz nicht annehmen zu wollen, und seinen Rückzug ankündigte. Wenige Tage später kündigte er allerdings an, doch kandidieren zu wollen – am letzten Listenplatz. Mit ausreichend Vorzugsstimmen hätte Voggenhuber die Listenreihung vom letzten Platz aus auf den Kopf stellen können – ein durchaus realistisches Szenario. Der erweiterte Bundesvorstand entschied nach heftigen Diskussionen mit 17 zu 12 Stimmen allerdings gegen die Kandidatur Voggenhubers. Der Journalist Oliver Pink bezeichnete die innerparteilichen Fronten daraufhin als „Generationenkonflikt zwischen 68ern wie Johannes Voggenhuber oder Peter Pilz und 78ern wie Eva Glawischnig und Ulrike Lunacek […]."[22]

Der Generationenkonflikt spitzte sich in der Folge aber nicht nur zwischen der Parteiführung und der älteren Grünen-Generation zu. Auch die jungen Grünen stellten die Richtung der Partei infrage. „Ich persönlich habe den Eindruck, dass du nicht die Person bist, die die Partei in diesen notwendigen demokratischen Aufbruch führen kann. Daher wäre es ein verantwortungsvoller Schritt, wenn du Platz für andere machst".[23] Das schrieb Flora Petrik im März 2017 an Glawischnig. Petrik war damals Chefin der Jungen Grünen, der Jugendorganisation der Partei, und kritisierte die Grünen öffentlich dafür, dass die Partei aus ihrer Sicht zu sehr in den politischen Mainstream gerückt sei.

Kurz nach Petriks Schreiben an Glawischnig eskalierte der Streit und die Parteiführung wusste sich nicht anders zu helfen und warf die Jugendorganisation raus. Das war hart. Bei allem Verständnis für den schwierigen Umgang mit kritischen

Stimmen: Wenn das einzige Mittel zur Bändigung der rebellischen Parteijugend der Rauswurf ist, dann läuft etwas falsch. Da stellt es dem Aktivisten in mir die Haare auf.

Damals ebenfalls bei den Jungen Grünen aktiv war Kay-Michael Dankl. Nach dem Rauswurf der Parteijugend schloss er sich der KPÖ an, erreichte als Spitzenkandidat bei den Landtagswahlen im April 2023 in Salzburg 11,7 Prozent und ließ die Grünen hinter sich. Punkten konnte Dankl mit den Themen leistbares Wohnen und Mietspekulationen – also just mit jenen Themen, welche die „Bürgerliste Salzburg" bereits in den 1980er-Jahren aufgegriffen hatte (siehe Gespräch mit Johannes Voggenhuber).

Wie sehr Glawischnig um die Zeit des Rauswurfs der Jungen Grünen unter Druck gestanden hatte, zeigte sich wenige Wochen später (siehe Gespräch mit Eva Glawischnig). Im Mai 2017 hatte Glawischnig selbst genug von der Politik, legte ihre Ämter nieder und wechselte später, zum Entsetzen vieler Parteifreund:innen, zum Glücksspielkonzern Novomatic. Neben gesundheitlichen Gründen spielten Groll und Kränkung eine wesentliche Rolle in ihrer Rücktrittsentscheidung. „Ich dachte, ich breche die Brücken ab und zünde alles an", sagt sie über ihren Schritt.[24] Ohne Parteiführung entschieden sich die Grünen nach einem kurzen Schockmoment dazu, mit Ulrike Lunacek als Spitzenkandidatin und Ingrid Felipe als Parteichefin in die Nationalratswahl im Oktober 2017 zu gehen. Glawischnig war 20 Jahre lang für die Grünen aktiv gewesen. Nach so langer Zeit, so ihr Fazit, gehe keiner ohne Kränkung, Blessuren und Wunden.

Die Rivalitäten innerhalb der Partei beschrieb der Journalist Josef Votzi so: „Eva Glawischnig ließ die Partei von ein paar Vertrauten mit eisernem Besen führen. Statt Wildwuchs gab es zentral geplante und straff geführte Wahlkampagnen. Solange sie mit diesem Kurs einen Wahlerfolg nach dem anderen einfuhr, wurde das akzeptiert, weil alle davon mit mehr Macht und Mandaten profitierten. Denn bei den Grünen rittern immer mehr alte und neue Anwärter um die besten Startpositionen bei den Vorwahlen um die weniger werdenden Mandate. Im inneren Rudelverhalten legen auch die Ökos den Glauben an das Gute und Korrekte beiseite. Für eine Anführerin des Rudels ist im grünen Selbstverständnis an sich kein Platz [...]."[25]

An dieser Analyse ist etwas dran. Aber sie greift zu kurz. Während Glawischnigs Zeit als Bundessprecherin und Klubobfrau waren die Grünen bei Wahlen so erfolgreich wie nie zuvor.

Seit der Nationalratswahl im Jahr 2013 hatten die Grünen 24 Abgeordnete im Nationalrat, die bis dahin höchste Zahl in ihrer Geschichte.[26] Sie waren Teil der Landesregierungen in Oberösterreich, Wien, Vorarlberg, Tirol, Salzburg und Kärnten, wo Politiker:innen wie Rudi Anschober, Maria Vassilakou, Astrid Rössler, Rolf Holub, Johannes Rauch und Ingrid Felipe Grüne Inhalte umsetzen konnten. In Graz wurde Lisa Rücker die erste Grüne Vizebürgermeisterin der steirischen Landeshauptstadt. In Bregenz schaffte es mit Sandra Schoch eine weitere Grün-Politikerin zur Vizebürgermeisterin. Bei der EU-Wahl im Jahr 2014 erreichten die Grünen mit Ulrike Lunacek als Spitzenkandidatin 14,52 Prozent – das bis heute beste Ergebnis der Grünen bei einer bundesweiten Wahl. Und zu guter Letzt wurde Alexander Van der Bellen unter hohem finanziellen und personellen Aufwand in das höchste Amt des Landes gebracht. Vom Bodensee bis fast zum Neusiedlersee wurde in den Städten, Ländern und Landschaften Grüne Politik immer sichtbarer. Die Mandate und Möglichkeiten stiegen, damit auch die Macht. Mit der Macht taten sich die Grünen aber immer schwer. Verständlich, liegt doch unser historisches Selbstverständnis im Antiautoritären. Außerdem neigt Macht dazu, zu korrumpieren. Das haben die Grünen über Jahrzehnte als Aufdecker:innen von Machtmissbrauch gelernt. Macht hat aber auch einen großen Vorteil: Man kann seinen Mitstreiter:innen Positionen anbieten und so Druck aus den Auseinandersetzungen nehmen. Was bei SPÖ, ÖVP und FPÖ gängiges Selbstverständnis ist, beäugt man bei den Grünen suspekt. Was macht die SPÖ oder die ÖVP, wenn parteiintern ein:e Kandidat:in aus dem Weg geräumt oder ein Streit geschlichtet werden soll? Man bietet den Unterlegenen eine Führungsposition in der Arbeiterkammer, beim Bauernbund, in der EU-Kommission, in einer Landesregierung, bei der Wirtschaftskammer oder einem staatsnahen Betrieb an. Notfalls gründet man ein neues Institut und schafft eine gutbezahlte Position mit Büro in bester Innenstadtlage. Streit geschlichtet, Problem gelöst, keiner hat sein Gesicht verloren. Einzige Ausnahme: wenn es um die Funktion des Parteiobmanns geht.

Um zu sehen, wie brutal diese Kämpfe auch bei den anderen Parteien sind, reicht ein Blick auf Pamela Rendi-Wagner oder Reinhold Mitterlehner. Aber es ist einfacher, eine Gruppe auf Linie zu bringen, wenn es ein großes Fell zu verteilen gibt. Bei den Grünen kommt noch verschärfend hinzu, dass sie nicht nur an Ämtern interessiert, sondern tatsächlich von ihren Ideen überzeugt sind und diese mit Vehemenz vertreten. Ich bin nicht der Meinung, dass das grüne Rudel ein Problem mit eine:r Anführer:in hat. Dieser Aspekt der Macht ist mittlerweile Teil der grünen DNA. Aber Teil der grünen DNA ist es auch, dass Macht kein Selbstzweck ist und wir uns immer wieder die Frage stellen müssen, wie die Identität der Grünen aussieht und wohin die Reise gehen soll.

||| Die Notwendigkeit von modernen Hofnarren

Genau um diese Fragen nach Identität und Ausrichtung ging es auch in jenem fatalen Konflikt, der zum Rauswurf der Grünen aus dem Parlament führte. Glawischnigs Rücktritt im Mai 2017 war eine langwierige Auseinandersetzung zwischen ihr und Peter Pilz vorangegangen. Im Zentrum stand dabei das Thema Integration. „Wir brauchen klare Bilder und dürfen keine Scheu vor Populismus haben",[27] plädierte Pilz für einen Strategiewechsel der Partei. Raus aus dem links-liberalen Wohlfühl-Biotop und rein in die Wirtshäuser und Dorffeste, um das Feld der Unzufriedenen beim Thema Zuwanderung nicht der FPÖ zu überlassen.

Glawischnig war wenig begeistert und bezeichnete die Ideen des einzig verbliebenen Abgeordneten der Anfangsjahre als Retro-Stil. „Niemand will bei uns die Umwandlung in eine linkspopulistische Partei", jetzt sei „finito" mit der Debatte.[28]

Kurze Zeit später war dann tatsächlich „finito". Allerdings – anders als gedacht – die Laufbahn von Pilz bei den Grünen. Nachdem er am 25. Juni 2017 beim Bundeskongress in Linz in der Stichwahl um den vierten Listenplatz für die Nationalratswahl gegen den 28-jährigen Julian Schmid verlor, zog er sich zunächst aus der Politik zurück. Ein Monat danach präsentierte Pilz jedoch seine eigene Liste für die Nationalratswahl im Herbst 2017. Das Wahlergebnis war bekanntlich eine Katastrophe für die Grünen: Mit 3,8 Prozent flogen sie erstmals seit 1986 aus dem Parlament, die Liste Pilz zog mit 4,41 Prozent und acht Abgeordneten in den Nationalrat ein.

Ich habe den Schritt von Pilz für einen Fehler gehalten. Das tue ich auch heute noch – auch wenn ich seine Unzufriedenheit nachvollziehen kann. „Aus jeder anderen Partei wäre Peter Pilz längst rausgeflogen", habe ich damals in einem Interview gesagt und ihm Folgendes mit auf den Weg gegeben: „Ich hoffe, dass er verantwortungsvoll genug ist und nicht sein eigenes Lebenswerk mitzerstört."[29] Wege können sich trennen und Loyalität hat seine Grenzen. Jede:r muss für sich selbst entscheiden, wann es Zeit ist für Veränderung – auf beiden Seiten.

Heute, sechs Jahre nach der Spaltung, stehen die Grünen inhaltlich vor ähnlichen Fragen wie damals. Die Partei ist zwar in der Regierung, die FPÖ ist aber seit ihrem Absturz nach dem Ibiza-Skandal wieder enorm im Aufwind und liegt in Umfragen auf Platz eins. Auf den Erfolg der FPÖ haben die Grünen nach wie vor keine Antwort gefunden. Anstatt auf den grünen Zug aufzuspringen, biegen die Wähler:innen lieber rechts ab. Und neuerdings auch links – wie der Sieg der KPÖ bei der Grazer Gemeinderatswahl im Herbst 2021 oder

der Erfolg der KPÖ bei der Landtagswahl in Salzburg im Frühling 2023 gezeigt haben. Hinzuschmeißen ist immer einfacher als aufzubauen, von der Seitenlinie gute Ratschläge auf das Feld zu rufen immer leichter, als selbst das Spiel machen zu müssen. Ich bin aber auch überzeugt davon, dass es in einer Partei Menschen braucht, die gegen den Strich bürsten. „Wir brauchen Hofnarren gegen die mentale Abschottung", lautete im August 2022 ein Kommentar in der Neuen Zürcher Zeitung.[30] Darin heißt es: „Macht führt selbst bei bescheidenen und selbstkritischen Menschen mit der Zeit zu Abgehobenheit und Rechthaberei. Eine moderne Art von Hofnarren könnte in der Politik, den Unternehmen und der Gesellschaft für weniger Isolation und Realitätsverlust sowie für mehr Ehrlichkeit und Respekt auch für andere Meinungen sorgen." Hofnarren – oder nennen wir sie Rebell:innen oder Abweichler:innen – laden ein zum Nachdenken, Umdenken und Andersdenken. Das muss ein Unternehmen, ein Verein, eine Familie, eine Gesellschaft und eine Partei aushalten. Gerade eine Partei wie die Grünen muss diese Tradition der Toleranz hochhalten. Zwar nicht um jeden Preis, aber sie sollte sich nicht leichtfertig verschließen.

Die Grünen haben den Anspruch, die Welt anders zu gestalten, als sie ist. Dazu gehört auch der eigene Umgang mit Macht und Kritik. Ja, wir Grüne streiten gerne. Das ist gut und wichtig. Wir streiten gerne, weil es um etwas geht. Streit muss aber nicht immer in Verletzungen und Selbstzerfleischung münden. Das ist ein hehrer Anspruch, aber das sollte unser Anspruch an die Welt und an uns selbst sein. Das muss ein Teil der grünen Identität sein. Daran denke ich, wenn ich meine alten Kartons durchforste. Denn ein Grüner zu sein, hat zumindest diesen Vorteil: Wir glauben an die Lernfähigkeit des Menschen – auch an unsere eigene.

„Die Grünen sind politisch gescheitert"
Gespräch mit Peter Pilz

Peter Pilz hatte bei den Grünen viele Rollen: Abgeordneter, Aufdecker, Anecker. Ich wollte von ihm wissen, warum er sich nach 30 Jahren von der Partei abgespalten hat und ob die Grünen nicht in der Lage sind, Konflikte auszufechten.

Mit Peter Pilz verbindet mich eine lange Geschichte. 1986 sind wir gemeinsam für die Grünen in den Nationalrat eingezogen. Seine Arbeit als Aufdecker und Kämpfer gegen Korruption habe ich immer geschätzt. Davon haben die Grünen als Partei stark profitiert. Gleichzeitig war mir bewusst, dass Peter lieber einen Freund verliert als eine gute Schlagzeile. Der Anspruch der Grünen als Partei war immer, anders zu sein und unterschiedliche Meinungen zuzulassen. Peter hat dieses Selbstverständnis oft auf die Probe gestellt – bis es im Jahr 2017 zum Bruch gekommen ist. Ich wollte von ihm wissen, ob er rückblickend die Gründung seiner „Liste Pilz" bedauert und warum er glaubt, dass die Grünen als politisches Projekt gescheitert sind.

Du bist damals rund um Hainburg zu den Grünen gestoßen. Hast du dich da gleich heimisch gefühlt?
Ich habe damals versucht, bei der „Alternativen Liste Wien" anzudocken. Da gab es eine Montagsgruppe und eine Donnerstagsgruppe, benannt nach dem Tag, an dem sich die Gruppen getroffen haben. Die Treffen fanden in einem mit Matratzen gepolsterten Zimmer in Wien statt und alle haben so getan, als würden sie hier etwas Wichtiges vorbereiten. Dann hat mich einer aus der Montagsgruppe abgefangen und gesagt, ich solle bei ihnen mitmachen. Gemeinsam könnten wir die inhaltlich rechts stehende Donnerstagsgruppe besser bekämpfen. Kurze Zeit später hat sich einer von der Donnerstagsgruppe gemeldet und gemeint, ich solle unbedingt zu ihnen kommen und dabei helfen, die verrückte linke Montagsgruppe zu bekämpfen. Das hat mich dermaßen abgeschreckt, dass ich nie wieder hingegangen bin.

Du hast etwas als abschreckend empfunden? Das überrascht mich.
Ich fand das einfach verlogen. Ich habe die „Alternative Liste" ja nicht von innen gekannt – im Gegensatz zu dir. Meine Probleme mit den Wiener Alternativen haben sich danach eher noch verstärkt. Als dann die „Bürgerliste Parlament" (BIP)

ins Leben gerufen wurde, um eine Kandidatur für die Nationalratswahl 1986 vorzubereiten, habe ich das als Chance gesehen und mich beteiligt. Ich konnte durch meine Vergangenheit in kleinen linken Studentengruppen manche Dinge gut, auf die man nicht immer stolz sein muss: fraktionieren, Gruppen bilden und um Macht kämpfen zum Beispiel. Das Haarespalten war weniger meins. Für mich musste niemand aus dem „Kapital" von Karl Marx zitieren können, um ernst genommen zu werden. Mir war damals klar, dass die grün-alternative Bewegung eine gute und wichtige Geschichte ist, die allerdings unter fürchterlichen Wehen geboren wurde.

Wir sind dann gemeinsam in den Nationalrat eingezogen. In all den Jahren habe ich dich als witzigen, oft sehr freundlichen und kameradschaftlichen Menschen erlebt. Manchmal kannst du aber auch aggressiv und bösartig sein. Warum ist es zur Entfremdung zwischen dir und den Grünen gekommen?
Das hat viele Gründe. Wir hatten um das Jahr 2016 herum, also ein Jahr bevor ich ausgetreten bin, einen Streit um eine mögliche Annäherung an die ÖVP. Im Mai 2016 bin ich draufgekommen, dass Stefan Wallner, damals Bundesgeschäftsführer der Grünen, Dieter Brosz, Mediensprecher im Grünen-Parlamentsklub, und Eva Glawischnig den ÖVP-nahen Richard Grasl zum ORF-Generaldirektor machen wollten. Es war schon vereinbart, dass der Vertreter der Grünen im ORF-Stiftungsrat, Wilfried Embacher, für Grasl stimmt. „Wir haben die Grünen-Stimme fix", so stand es in den Handy-Chats zwischen Richard Grasl und Michael Kloibmüller, damals Kabinettschef im ÖVP-geführten Innenministerium. Diesen Deal habe ich aber platzen lassen, woraufhin Wallner und Brosz ordentlich sauer waren.

Eva Glawischnig hat da mitgemacht? Das kommt mir seltsam vor.
Eva hatte zu diesem Zeitpunkt im Klub schon stark an Einfluss verloren. Du hättest sehen müssen, wie Glawischnig von Wallner und Grosz in Klubsitzungen behandelt wurde. Wenig später hat sie auch den Hut draufgeschmissen.

(Anm: Ich habe Eva Glawischnig gefragt, ob die Behauptung von Peter Pilz bezüglich ORF stimmt. Sie sagte mir, dass die Position der Grünen stets war, für Alexander Wrabetz als ORF-Generaldirektor zu stimmen. Eine Vereinbarung, für Richard Grasl zu stimmen, habe es sicher nicht gegeben.)

Daran warst du nicht ganz unbeteiligt. Du wolltest mit den Grünen einen „linken Populismus" umsetzen. Eva hielt das für einen Blödsinn, deine Querschüsse wurden aber immer lauter.

Ja, wir hatten einen Richtungsstreit. Ich war überzeugt davon, dass wir – ohne ausländerfeindlich zu werden – das Thema Integration ehrlicher angehen müssen. Über diesen Zugang wären wir in der Lage gewesen, die soziale Frage anzusprechen, damit uns überhaupt zugehört wird und um Protestwählerinnen und Protestwähler zu überzeugen. Denn diese haben die Grünen komplett der FPÖ überlassen. Die SPÖ hat diese Wählergruppe sowieso schon lange aufgegeben. Sich stärker um die Anliegen dieser Leute zu kümmern, wäre möglich gewesen. Denn ich – oder auch Werner Kogler, Gabi Moser oder Karl Öllinger – hatten bei diesen Leuten ein gutes Standing, da wir in der Bekämpfung von Korruption und Missständen eine hohe Glaubwürdigkeit hatten.

Warum hast du den Konflikt nicht intern ausgetragen?

Ich habe es versucht und mit Leuten im Parlamentsklub geredet, ob wir damit an die Parteiführung herantreten sollen. Aber keiner wollte. Das würde uns sprengen, spalten und schwächen waren die Reaktionen. Alleine wollte ich es auch nicht machen. Ich habe dann ein Papier geschrieben mit rund 100 Punkten, die ich diskutieren wollte. Aber die Diskussion ist einfach verweigert worden.

Daraufhin hast du dir gesagt, ich bin hier raus?

Es hat sich immer mehr zugespitzt. 2016 war schon absehbar, dass Sebastian Kurz die ÖVP übernehmen wird, ein Jahr später ist er Parteiobmann geworden. Ein Deal mit der Kurz-ÖVP war mit mir aber nicht zu machen. Das haben auch andere Abgeordnete wie Gabi Moser, Harald Walser, Wolfgang Zinggl oder Bruno Rossmann so gesehen. Eher unabhängige Abgeordnete, wie es sie aktuell bei den Grünen scheinbar nicht gibt. Die Parteiführung hat aber gesagt, dass es auch mit Sebastian Kurz gehen würde und wir uns alle Optionen offenhalten sollten. In der Folge haben wir unser Mandat bei den Vorwahlen verloren: Zuerst Gabi Moser in Oberösterreich, später Wolfgang Zinggl und Bruno Rossmann in Wien. Meine Geschichte diesbezüglich ist bekannt.

Das war ein ziemlicher Knall. Beim Bundeskongress der Grünen in Linz im Juni 2017 hast du bei der Kampfabstimmung um den vierten Listenplatz gegen den 28-jährigen Julian Schmid verloren. Ich habe diese Kongresse

jahrelang miterlebt und weiß, wie mühsam sie sind. Aber trotzdem war es eine demokratische Wahl.

Gar keine Frage. Das Ergebnis habe ich auch akzeptiert. Ich bin übrigens schon im Vorfeld des Kongresses informiert worden, dass ich nicht mehr gewählt werde, da Dieter Brosz mit den Landesorganisationen in Niederösterreich, Wien und anderen Bundesländern gegen mich paktiert hat. Ulrike Lunacek, Spitzenkandidatin für die Wahl 2017, hat mir dann angeboten, ich solle doch einen Vorzugsstimmenwahlkampf machen. Sollte es sich trotzdem nicht für mich ausgehen, würde ich mit einem Job gut versorgt werden. Aber für mich war entschieden, dass ich mich verabschiede.

(Anm.: Ich habe Ulrike Lunacek auf dieses Angebot angesprochen. Sie ist sich dezidiert sicher, dass sie Peter Pilz keinen Job angeboten hat, sondern lediglich das Bemühen um die Möglichkeit, nach der Wahl in die Arbeit der Partei eingebunden zu werden.)

Du hast dich nach über 30 Jahren von den Grünen verabschiedet und bist mit deiner eigenen Liste angetreten. Bedauerst du diesen Schritt?

Nachdem eine politische Klärung nicht möglich war und jede Diskussion erstickt worden ist, war die Trennung unvermeidlich. Wir alle wären nicht zu Kurz, Sobotka und Co. mitgegangen. Ich bin mir bis heute nicht sicher, ob die Gründung der „Liste Pilz" die richtige Entscheidung oder ein Fehler war. Inhaltlich bin ich immer noch überzeugt davon, dass die Grünen politisch am Ende waren und es Zeit war für ein modernes linkspopulistisches Projekt. Zudem hatte ich auch die Nase voll von den klassischen Parteistrukturen.

Die Liste Pilz war diesbezüglich aber fast noch schlimmer und im Dauerstreit. Was war da los?

Da sind intern viele Dinge passiert, über die ich später einmal berichten werde. Manches davon ist sehr belastend. Vorsichtig gesagt: Die Personenauswahl war nicht optimal.

Würdest du sagen, dass die Grünen eine schlechte Konfliktkultur haben?

Natürlich hat es bei den Grünen Konflikte gegeben, weil die Beteiligten manchmal divergierende Überzeugungen hatten und diese vehement vertreten haben. Aber genau das haben wir früher bei den anderen Parteien vermisst und kritisiert:

eine offene Auseinandersetzung über alles, was uns wichtig war. Das Problem war nicht, dass wir gestritten haben, sondern wie wir gestritten haben. Heute habe ich allerdings den Eindruck, dass bei den Grünen viel zu wenig gestritten wird. Das hat aber schon begonnen, als Alexander Van der Bellen Parteichef war. Unter ihm haben die Grünen zwar erstmals ausgeschaut wie eine Braut, die man als traditionelle Partei heiraten kann. Gleichzeitig war klar, dass die Grünen nicht mehr ehekrachfähig sind. Dieser Prozess kommt in der jetzigen Regierungskoalition zum Abschluss, in der die Grünen die Rolle der Frau in einer bürgerlichen Familie des frühen 19. Jahrhunderts einnehmen. Wahrscheinlich würden sie nicht einmal um ihr Wahlrecht kämpfen.

Wärst du in der aktuellen Regierung nicht doch noch gerne dabei – zum Beispiel als Verteidigungsminister?
Sicher nicht. Ich war ein begeisterter Abgeordneter, habe aber großen Respekt vor solchen Ämtern. Ich bin gut, wenn ich alleine oder in kleinen Teams arbeite. Als Minister müsste ich Dinge machen, die ich vielleicht nicht so gut kann. Und einer Koalition mit der Kurz-ÖVP hätte ich sicher nicht zugestimmt.

Aber ist es nicht besser, die Grünen und nicht die FPÖ sitzen in einer Regierung?
Grundsätzlich schon. Die Frage ist, zu welchem Preis – und aktuell ist der Preis ganz klar zu hoch. Die ÖVP braucht die Grünen viel mehr als umgekehrt. Trotzdem hat sich Werner Kogler bei den Regierungsverhandlungen über den Tisch ziehen lassen und der ÖVP außer ein bisschen „Klima" fast alles überlassen. Ich bin bis heute nicht in der Lage, dem Werner böse zu sein, weil er im Grunde seines Herzens ein netter Mensch ist. Politik ist aber keine Nette-Leut'-Show. Nur nett zu sein, ist zu wenig. Ich sehe bei den Grünen kein Selbstbewusstsein. Politisch sind sie für mich gescheitert und ich halte es für möglich, dass sie bei der nächsten Nationalratswahl wieder rausfliegen. Und weißt du, was dann kommt?

Du wirst es mir sicher sagen ...
Die ÖVP wird Dritter werden und in einer Koalition mit der FPÖ den Bundeskanzler stellen. Ganz was Neues! Herbert Kickl wird Vizekanzler werden und dafür das größte Pferd der Republik sowie drei Uniformen plus eine Sonntagsuniform bekommen. Es ist verrückt. Aber der Zustand dieser Republik lässt sich nicht anders beschreiben. Es ist alles wieder auf FPÖ-Schiene. Das liegt auch an der SPÖ und

ihrem Unvermögen, sich auf eine echte Reformregierung mit den Grünen vorzubereiten. Das tut mir weh. Denn ich halte die Grünen Ideen immer noch für die besten.

Das heißt, du fühlst dich noch als Grüner?
Wenn die Grünen als Ökobund der ÖVP auftreten, nein. Aber ich fühle mich nach wie vor den Vorstellungen verbunden, für deren Verwirklichung wir erfolgreich und lustvoll gekämpft haben. Wir haben ja auch einiges zusammengebracht.

Aber auch Fehler gemacht. Wo siehst du hier deine Verantwortung?
Ich habe sicherlich jede Menge Fehler gemacht. Vor allem am Anfang sind wir – und da zähle ich dich Andreas auch dazu – in politischen Auseinandersetzungen persönlich sehr weit gegangen und haben ordentlich hingedroschen. Ich war sicher auch rechthaberisch. Zu lernen, dass auch der andere in gewisser Weise Recht haben kann und nicht nur Platz für eine Sicht ist, das ist erst später gekommen. Der Umgang mit unterschiedlichen Meinungen und das Lernen einer Fehlerkultur sind oft schwierig und gar nicht selbstverständlich.

Sind die Grünen – so wie wir auch – einfach alt geworden?
Natürlich hat jede Bewegung, jede Partei einen Lebenszyklus. Sind wir bei den Grünen im Abschnitt des Niedergangs angekommen? Ich kann es nicht sagen. Es herrscht auf jeden Fall Stagnation. Ich glaube, diese Frage wird sich mit dem Ende der aktuellen Regierung klären. Dann stehen sie noch einmal auf – oder gehen unter. Ich wünsche mir, dass ein Teil der Grünen neuen Mut fasst, die kompromittierte Spitze austauscht und zeigt, was alles möglich ist. Und sollte etwas komplett Neues entstehen, werde ich mit 75 Jahren am Straßenrand stehen, freundlich mit einer Fahne wacheln und sagen: Macht es – und macht es gut.

Peter Pilz (69) war Mitbegründer der Grünen und mehr als 20 Jahre lang Abgeordneter zum Nationalrat. 2017 verließ er die Partei, trat mit der „Liste Pilz" bei der Nationalratswahl an und erreichte acht Mandate. Sein eigenes Mandat nahm er wegen Vorwürfen der sexuellen Belästigung zunächst nicht an, in der Folge versank die „Liste Pilz" immer weiter in Streitereien. 2019 scheiterte das Projekt am Wiedereinzug in das Parlament, gleichzeitig erreichten die Grünen mit 13,9 Prozent ihr bisher bestes Ergebnis bei Nationalratswahlen.

Kapitel IV

Die Welt gestalten, Hoffnungen ent- täuschen

Setzen die Grünen an der Macht um, was sie versprechen?

Ich bin ein Landmensch. Seit 40 Jahren lebe ich mit meiner Familie auf unserem Bauernhof in Oberfahrenbach. 207 Menschen wohnen in unserem Dorf, das zur Marktgemeinde Großklein gehört. Von unserem Hof schaue ich auf die südsteirische Weinstraße. Dahinter ziehen sich die Hügellandschaften über die slowenische Grenze bis nach Maribor. Angenehm ruhig ist es hier. Aber es ist auch was los in unserer Gegend. Der lokale Fußballverein lädt zum jährlichen Preisschnapsen in das Sportheim. Auf einem Bioweingut unweit unseres Hauses bietet eine Heilmasseurin Detox-Yoga und Fasten an. Ein paar Ortschaften weiter tritt der Kabarettist Markus Hirtler als „Ermi-Oma" auf. All das spielt sich im Umkreis weniger Kilometer ab. Dazwischen liegen herrliche Buschenschenken und Weinberge. Es ist ein wunderschöner Flecken Erde. Als ich Anfang der 1980er-Jahre in diese Gegend gezogen bin, gab es jedoch ein Problem: das Trinkwasser. „Leibnitzer Wasser: Gefahr für die Babys" titelte die Kleine Zeitung am 15. Dezember 1984. Der Artikel beschäftigte sich mit der zu hohen Nitratbelastung im Trinkwasser und stellte fest: „Das Leibnitzer Trinkwasser ist für die Kleinkinder gesundheitsgefährdend. Jetzt schaltet endlich auch die Gemeinde und kündigt Maßnahmen an."[1] 150 Milligramm Nitrat wurden damals im regionalen Trinkwasser gemessen. Laut Weltgesundheitsorganisation sollte der Wert 50 Milligramm pro Liter nicht überschreiten. Die Belastung war demnach viel zu hoch. Die Gemeinde Leibnitz wurde allerdings nicht aus freien Stücken aktiv, sondern weil wir – der „Arbeitskreis Trinkwasser" – das Thema forcierten.

Bei einer Bürger:innenversammlung präsentierte ich damals die alarmierenden Zahlen, um die Bevölkerung auf das Problem aufmerksam zu machen. Immerhin bezogen rund 100.000 Menschen das Wasser aus dem Leibnitzer Feld. Grund der hohen Messwerte waren Dünger und Pestizide, die in der Landwirtschaft verwendet wurden. Versammlungen wie jene in Leibnitz waren ein neues Phänomen in der österreichischen Politik. Für uns Grüne waren sie wichtige Orte, um die Bürger:innen für konkrete Anliegen zu sensibilisieren. Diese Veranstaltungen haben deutlich gemacht, dass Politik mehr ist, als bei Wahlen ein Kreuzerl zu machen. Unser Einsatz für gesundes Wasser zeigte prompt Wirkung. „Die Stadt plant die Installation einer Trinkwasser-Aufbereitungsanlage. [...] Eine Information an die Bevölkerung ergeht sofort", kündigte der Leibnitzer ÖVP-Bürgermeister Wolfried Filek-Wittinghausen laut Kleine Zeitung auf der Bürger:innenversammlung an.

Ein Jahr später zog ich als erster Grüner, damals noch „Alternative Liste", in den Gemeinderat meiner Heimatgemeinde Großklein ein. Ohne die zahlreichen Versammlungen und Bürger:innenbewegungen in dieser Zeit wäre dieser Erfolg nicht möglich gewesen. Weitere vier Jahre später, Ende 1989, einigte sich die steirische Landesregierung auf eine neue Nitratverordnung. Darin wurden Schutz- und Schongebiete in der Steiermark und ein Grenzwert von 50 Milligramm Nitrat im Trinkwasser festgeschrieben. Innerhalb von fünf Jahren haben wir es geschafft, die Landespolitik in dieser Frage zu ändern. Von der Bürger:innenbewegung über den Gemeinderat bis zur Landespolitik. Fünf Jahre mögen lang klingen, in der Politik ist das jedoch gerade einmal eine Legislaturperiode. 30 Jahre später haben sich die Schlagzeilen zum Wasser in der Südsteiermark grundlegend gewandelt. „Ein Sehr Gut für das Leibnitzer Feld", hieß es im Oktober 2018, als die Leibnitzerfeld Wasserversorgung GmbH einen Preis für ihre Wasserqualität bekam. „Die Auszeichnung ist für uns eine wichtige Bestätigung, dass die hohen Anforderungen an Qualität, Versorgungssicherheit und Nachhaltigkeit fachlich kompetent erfüllt werden", freute sich Geschäftsführer Franz Krainer bei einem Festakt im Rathaus in Leibnitz.[2] Von unserer Bürger:innenversammlung bis zum Festakt sind fast 35 Jahre vergangen. Ich wurde nicht zur Preisverleihung im Jahr 2018 eingeladen – und wahrscheinlich auch sonst niemand vom „Arbeitskreis Trinkwasser". Das ist auch nicht weiter schlimm. Wir Grünen sind es gewohnt, dass sich andere – vor allem die Altparteien – mit unseren Ideen schmücken, wenn es ihnen ins Konzept passt. Aufpassen müssen die Grünen trotzdem, dass sich nicht ständig andere die Erfolge Grüner Arbeit auf ihre Fahnen schreiben.

Die Menschen sollen sehen, dass es einen Unterschied für ihr Leben und unsere Umwelt macht, wenn Grüne im Gemeinderat, im Landtag oder in der Bundesregierung sitzen. Als wir im Jahr 1984 für besseres Wasser in unserer Heimat gekämpft haben, hätten wir uns kaum vorstellen können, dass Grüne einmal in Landtagen, Bundesregierungen und EU-Parlamenten sitzen werden. Neben der heutigen, starken – durchaus berechtigten – Kritik an den Grünen, finde ich es notwendig, die Erfolge aus den vier Jahrzehnten zwischen unserem Einsatz für gesundes Trinkwasser im Leibnitzer Feld und der Regierungsbeteiligung hervorzuheben: Die Grünen Politiker:innen haben das Leben der Menschen vom Bodensee bis zum Neusiedler See verbessert. Davon bin ich überzeugt.

||| Grün macht einen Unterschied

Katharina Wiesflecker ist zwar nicht vielen Menschen in Österreich ein Begriff, für Frauen in Vorarlberg macht die Grüne Landesrätin jedoch wichtigste Arbeit. Jährlich werden in Vorarlberg durchschnittlich 300 Schwangerschaftsabbrüche durchgeführt – und das von nur einem einzigen Privatarzt. Dieser ist mittlerweile 71 Jahre alt und geht 2023 in Pension. Die Landesregierung hat aus diesem Grund beschlossen, neben dem LKH Bregenz eine Ordination einzurichten, um auch in Zukunft Schwangerschaftsabbrüche in Vorarlberg zu ermöglichen. Maßgeblich verantwortlich für diese Entscheidung war Wiesflecker, die seit 2014 in einer Koalition mit der ÖVP als Landesrätin für die Ressorts Soziales, Frauen, Pflege sowie Kinder- und Jugendhilfe zuständig ist. Ein Schritt, der im konservativ geprägten Ländle nicht ohne Widerstand möglich war. Noch wenige Jahre zuvor hatte die ÖVP einen Antrag abgelehnt, der Schwangerschaftsabbrüche in Spitälern ermöglichen sollte.[3] Zu den Erfolgen von Wiesflecker zählen auch die Erhöhung der Sozialhilfe für Kinder und Jugendliche sowie die Forderung nach einer eigenen Notschlafstelle für Frauen in Vorarlberg. Auch wenn die Arbeit von Wiesflecker im Rest des Landes nicht für Schlagzeilen sorgt, in Vorarlberg verbessert ihre Grüne Politik die Lebensrealität von vielen Menschen – besonders Frauen.

Das Leben von Menschen ganz konkret verbessert hat auch die Politik von Rudi Anschober. Der Oberösterreicher war von 2003 bis 2019 Landesrat der Grünen in der oberösterreichischen Landesregierung. Oberösterreich ist ein Industrieland, Linz eine Stahlstadt. Das Linzer Stahlwerk VÖEST war jahrzehntelang das wirtschaftliche Aushängeschild der Region und einer der größten Luftverschmutzer Zentraleuropas. Heute stammen zwar noch immer 16 Prozent der CO_2-Emission in Österreich aus der Stahlproduktion. Gleichzeitig betreibt das Unternehmen seit ein paar Jahren eine Elektrolyseanlage, um die Produktion von grünem Wasserstoff zu testen. Ohne Grüne Umwelt- und Energiepolitik wären diese Entwicklungen im Industrieland Oberösterreich nicht passiert. Ich habe Anschober einmal gefragt, auf welchen Erfolg in seiner politischen Laufbahn er am meisten stolz ist. Seine Antwort hatte überraschenderweise nichts mit Luftqualität und Umwelt zu tun, sondern mit Lehrlingen: „Der Erfolg der Initiative ‚Ausbildung statt Abschiebung'. Wir haben diese Initiative in Oberösterreich gestartet, am Ende hat auch der Nationalrat dafür gestimmt", erzählte er mir. Bei der Initiative ging es darum, dass Asylwerber:innen nicht abgeschoben werden können, während sie eine Lehre absolvieren. Auf diese Regelung einigte sich im Dezember 2019 der Nationalrat mit den Stimmen von ÖVP, SPÖ, Grüne und Neos.

Lisa Rücker war von 2008 bis 2012 erste Grüne Vizebürgermeisterin von Graz und trug maßgeblich dazu bei, dass im Jahr 2010 Graz die erste „Fairtrade"-Landeshauptstadt Österreichs wurde. Rücker war in den 1980er-Jahren in der Grazer Frauenbewegung aktiv. Als offen lesbisch lebende Frau mit zwei Kindern steht sie für die Vielfalt der Grünen-Lebensentwürfe.

In 37 Magistratsstellen, 31 Betrieben, 24 Pfarren, 8 Schulkantinen und in allen Stadtbibliotheken in Graz wurde das Essen auf Fairtrade umgestellt. Außerdem forcierte Rücker trotz Widerstandes von ÖVP-Bürgermeister Siegfried Nagl den Ausbau von Radwegen in Graz, ein wichtiger Schritt in der „Feinstaubhauptstadt" Österreichs.

Kurz nach Rücker übernahm eine weitere Grünen-Politikerin das zweithöchste Amt einer Stadt. Im November 2010 wurde Maria Vassilakou Vizebürgermeisterin in Wien mit den Agenden Stadtentwicklung, Verkehr, Klimaschutz, Energieplanung sowie Bürger:innenbeteiligung und regierte an der Seite von SPÖ-Bürgermeister Michael Häupl bis 2019 die zweitgrößte Stadt im deutschsprachigen Raum. In ihre Zeit fallen zum Beispiel die Einführung der Jahreskarte für die Wiener Linien um 365 Euro, der Bau des neuen Hauptbahnhofes und die Neugestaltung der Mariahilferstraße. In meiner Zeit als Abgeordneter habe ich in der Nähe der Mariahilferstraße gewohnt. Was war das damals für ein anstrengender Ort. Die Autos sind Stoßstange an Stoßstange durchgetuckert und die einkaufenden Menschen haben sich auf den schmalen Gehsteigen gedrängt. Und was war das für eine Aufregung, als Vassilakou die Pläne für die neue Begegnungszone im Jahr 2014 vorlegte. Vor allem von der Wirtschaftskammer gab es massiven Widerstand und Vassilakou musste sich mit übelsten Anfeindungen herumschlagen. Ein paar Jahre später hörte sich das schon ganz anders an. „Der Umbau hat sich rentiert. [...] Wir empfehlen der Stadt in jedem der 23 Bezirke eine Million Euro für Begegnungszonen zu investieren", meinte etwa der stellvertretende Direktor der Wiener Wirtschaftskammer, Alexander Biach. „Wir müssen die Straßen zurückzuerobern. Das nutzt auch der Wirtschaft etwas", äußerte sich Biach schon fast wie ein Parade-Grüner.[4] Sein Argument: Eine lebendige Innenstadt sei der beste Garant gegen Leerstand und Verödung. Die Grünen wissen das schon etwas länger als der Funktionär der Wirtschaftskammer.

Gelungene Grüne Verkehrspolitik zeigt sich aber nicht nur in der Stadt. In Tirol wurde im Jahr 2017 ein Jahresticket für 490 Euro für alle öffentlichen Verkehrsmittel eingeführt. Dafür verantwortlich war Ingrid Felipe, die von 2013 bis 2022 Landesrätin der Grünen für die Ressorts Umwelt- und Klimaschutz, Abfallwirtschaft und Europäische Verkehrspolitik war. Der „Verkehrsclub Österreich" hat das TirolTicket als Österreichs bestes Öffi-Projekt des Jahres ausgezeichnet.[5] Heute managt Felipe große Infrastrukturprojekte der Deutschen Bahn.

In Salzburg erreichte Astrid Rössler bei der Landtagswahl 2013 mit 20,18 Prozent der Stimmen das bisher beste Ergebnis der Grünen in einem Bundesland. Danach wurde sie in der ÖVP-Landesregierung von Wilfried Haslauer Landesrätin mit den Agenden Naturschutz, Umweltschutz, Gewässerschutz, Gewerbeangelegenheiten, Raumordnung und Baurecht. Rössler setzte während ihrer Amtszeit Tempo 80 auf der Salzburger Stadtautobahn, den „Masterplan Klima + Energie 2020" und ein neues Raumordnungsgesetz um. Vor allem das neue Raumordnungsgesetz war ein Meilenstein und stieß auf wenig Freude beim Gemeindeverband. Das Gesetz dämmt die Zersiedelung und damit dem Flächenverbrauch im Bundesland ein. Ein Problem, von dem Österreich durch seine jahrzehntelange Baupolitik und Flächenversiegelung besonders betroffen ist und damit im traurigen europäischen Spitzenfeld liegt. Täglich gehen hierzulande Grünflächen in der Größenordnung von 16 Fußballfeldern verloren. Eine Entwicklung, die selbst die österreichische Landwirtschaftskammer dazu veranlasst, Alarm zu schlagen.[6] Das Paradoxe daran: Die Landwirtschaftskammer protestiert damit gegen ihre eigene Partei. Denn ihr Präsident Josef Moosbrugger ist langjähriger ÖVP-Funktionär und verhandelte bei den Koalitionsverhandlungen 2019 die Kapitel Klimaschutz, Umwelt, Infrastruktur und Landwirtschaft auf Seiten der Volkspartei.

I I I „Wo woar mei Leistung?"

Die Beispiele ließen sich noch sehr lange fortführen und zeigen: Die Liste grüner Erfolge kann sich sehen lassen. Weitere Erfolge gibt es aber nicht nur durch Grüne in Regierungsämtern, sondern auch in anderen Funktionen prägten Grüne Politiker:innen das Land nachhaltig.

So brachte die Nationalratsabgeordnete Gabriela Moser im Zuge der Buwog-Affäre rund um die Privatisierung von 60.000 Bundeswohnungen die Telefonprotokolle zwischen dem ehemaligen Finanzminister Karl-Heinz Grasser, dem Lobbyisten Walter Meischberger und dem Immobilienmakler Ernst Karl Plechl an die Öffentlichkeit. Moser brachte ab dem Jahr 2000 über 30 parlamentarische Anfragen ein – bis hin zu ihrer Sachverhaltsdarstellung an die Staatsanwaltschaft im Jahr 2009, die schließlich zu Ermittlungen, Anklagen und einen Prozess geführt hat. Ex-Minister Grasser wurde in der Folge im Jahr 2020 nicht rechtskräftig zu acht Jahren Haft verurteilt. Die Frage „Wo woar mei Leistung?" von Lobbyist Meischberger aus den Telefonprotokollen gilt heute als Sinnbild von Korruption in Österreich.

Apropos kriminelle Machenschaften: In Kärnten leitete von 2010 bis 2012 der damalige Landessprecher der Grünen, Rolf Holub, den Untersuchungsausschuss des Kärntner Landtages zur Causa Hypo Alpe Adria. Die Bank wurde nach zahlreichen Turbulenzen verstaatlicht, im Jahr 2008 verkauft und später abgewickelt. Am Ende entstand ein Schaden von mehreren Milliarden Euro. Wegen Untreue und illegaler Parteienfinanzierung wurden unter anderem der ÖVP-Wirtschaftslandesrat Josef Martinz sowie der freiheitliche Finanzlandesrat Harald Dobernig zu mehrjährigen Haftstrafen verurteilt. Die Arbeit von Grünen-Landessprecher Holub trug maßgeblich zur Aufarbeitung eines der größten Bankenskandale in Österreich bei.

Terezija Stoisits, Burgenlandkroatin und ehemalige Nationalratsabgeordnete der Grünen, begann ihre Reden im Parlament stets mit den Worten „Dobar dan, poštovane dame i gospodo" („Guten Tag, sehr geehrte Damen und Herren"). Im Jahr 2007 übernahm sie als erste und bisher einzige Grüne Politikerin sechs Jahre lang eine der drei Positionen in der Volksanwaltschaft. Die parlamentarische Ombudsstelle dient zur Kontrolle der öffentlichen Verwaltung und steht allen Menschen kostenlos zur Verfügung, die sich durch Organe der Verwaltung ungerecht behandelt fühlen und bereits alle Rechtsmittel ausgeschöpft haben. In den 45 Jahren der Existenz der Volksanwaltschaft war Stoisits die einzige offizielle Vertreterin einer Minderheit in der Volksanwaltschaft.

Aber auch auf europäischer Ebene spielten Grüne Politiker:innen eine wichtige Rolle. Johannes Voggenhuber zum Beispiel war während seiner Zeit als EU-Abgeordneter maßgebliches Mitglied des Verfassungskonvents über eine Europäische Verfassung. Seine Nachfolgerin Ulrike Lunacek war von Juli 2014 bis Oktober 2017 Vizepräsidentin des EU-Parlaments. Beide waren eine starke Stimme für Europa in einer Zeit, als der Nationalismus wieder Aufwind bekam.

||| Kommen die Grünen nicht vom Fleck?

Die Themen der Grünen, in denen sie sich durchsetzen konnten, sind so breit, wie sie schon bei der Gründung in Graz im Jahr 1982 waren. Gesunde Luft, nachhaltige Landwirtschaft, Verkehrswende, Frauenrechte, Schutz von Minderheiten, Aufdeckung von Korruption, Rechte von Schwulen und Lesben, gesunde Ernährung und Frieden in Europa. Immer wenn ich von einem Streit bei den Grünen lese, erinnere ich mich daran, was wir Grünen zu schaffen vermögen, wenn wir mutig Politik machen. Was dabei auffällt: Im Vergleich zu den Anfangsjahren waren es häufig Frauen, die Grüne Politik in die Realität umgesetzt haben. Hier haben wir offensichtlich dazugelernt. Was uns aber immer noch nicht gelungen ist: Bei Wahlen aus der Rolle der Kleinpartei rauszuwachsen. Nach dem Rauswurf 2017 feierten die Grünen im Jahr 2019 bei ihrem Wiederein-

zug mit 13,9 Prozent ihr bestes Ergebnis bei einer National-
ratswahl.[7] 14,52 Prozent war bisher der größte Erfolg bei einer
EU-Wahl (2014). In Innsbruck erreichte Georg Willi im Jahr
2018 bei der Stichwahl 52,9 Prozent und wurde erster Grüner
Bürgermeister einer österreichischen Landeshauptstadt. Das
sind schöne Ergebnisse. Trotzdem beschleicht mich regelmäßig
das Gefühl, dass die Grünen nicht vom Fleck kommen und bei
Wahlen immer wieder zittern müssen. Woran liegt das? Von der
Regierungsbeteiligung der Grünen habe ich mir erhofft, dass sie
Grüne Politik umsetzen können und gleichzeitig das Rampen-
licht nützen, um die Menschen für ihre Themen zu begeistern.
Blicke ich allerdings auf aktuelle Umfragen und Wahlergebnisse,
hat das nicht funktioniert und die Hoffnungen – vor allem bei
vielen Jungen – wurden enttäuscht. Liegt es an den beteiligten
Personen? Haben die Grünen unterschätzt, wie sehr man sich
in einer Regierung verlieren kann? Oder haben sie verlernt,
die Menschen auf den Demonstrationen und Bürger:innenver-
sammlungen für ihren Weg zu gewinnen? Die Leute hätten sie
dazu. Leonore Gewessler macht als Umweltministerin eine gute
Arbeit – auch wenn ihre Vorgehensweise sehr technisch wirkt.
Justizministerin Alma Zadić hat es geschafft, den prophezei-
ten „stillen Tod der Justiz" aufzuhalten und versucht, das System schrittweise zu modernisieren. Gesundheits- und Sozial-
minister Johannes Rauch schafft es, in der heiklen Phase nach
der Corona-Pandemie die Polarisierung einzudämmen und den
Blick wieder Richtung Inhalte zu lenken.

Schwer tun sich die Grünen aktuell jedoch damit, eine Vision
für eine nachhaltige, gerechte, friedvolle und gleichberechtigte
Gesellschaft zu vermitteln, die Menschen begeistert und Wahlen gewinnt. Dabei hätten sie gerade vor dem Hintergrund
ihrer ersten Regierungsbeteiligung im Jahr 2020 die einmalige
Chance, ihre Sicht auf die Welt zu vermitteln. Dafür braucht es
klare Standpunkte und Überzeugung. Werner Kogler als Vizekanzler an der Spitze der Grünen wäre dazu in der Lage, so wie
ich ihn kennengelernt habe: In den 1980er-Jahren und später

als Kollege im Parlament habe ich erlebt, wie er Inhalte auf den Punkt bringen und Menschen für eine Sache begeistern kann. Als Vizekanzler scheint er sich damit allerdings schwer zu tun. Woran liegt das?

▎▎▎ Klarheit und Konsequenz: Die Regierung als Bühne nutzen

Der Vizekanzler wirkt häufig unentschlossen. Dabei habe ich ihn in jungen Jahren anders kennengelernt. In den stundenlangen Debatten in der „Dezentrale" in Graz Anfang der 1980er-Jahre war er eloquent, witzig und schlagkräftig – ohne verletzend zu werden. Er war inhaltlich – dank seines semesterreichen Volks- wirtschaftsstudiums – gut ausgerüstet, gleichzeitig war er auch bereit, den Standpunkt seines Gegenübers nachzuvollziehen. Kogler ist wie ich in der Steiermark am Land aufgewachsen. Wir beide haben dabei gelernt, dass eine Gemeinschaft Menschen mit unterschiedlichen Ansichten und Lebensentwürfen einen Platz geben muss. Aber uns beiden war auch immer klar, dass wir die eigene Position deutlich vertreten müssen, wenn wir sie für richtig erachten. So war es auch, als wir beide im September 1992 gegen die Müllverbrennungsanlage im Ghartwald bei St. Johann in der Haide – Koglers Heimatort – protestierten.

Die Bürger:inneninitiative „Für ein lebenswertes St. Johann in der Haide" hatte mobil gemacht, gemeinsam mit Mitstrei- ter:innen blockierten wir die Zufahrt zum Gelände und kette- ten uns am Bauzaun an. Gleichzeitig stellte das Gendarmerie- Einsatzkommando ein Aufgebot an Exekutivbeamt:innen samt Hunden auf, wie es laut Kleine Zeitung weder „davor als auch danach nie mehr gesehen" wurde.[8] Verhindern konnten wir die Mülldeponie damals nicht, heute gilt sie jedoch als Vorzeige- projekt. Auch wenn sich Kogler damals mit dem Bürgermeister seiner Heimatgemeinde anlegte, mit den Menschen in St. Johann kam er gut aus. Kurze Zeit nach unserer Protestaktion gegen die Mülldeponie fragte ich Kogler, ob er mich als Mitarbeiter in meiner Rolle als Vorsitzender des Rechnungshofausschusses im Nationalrat unterstützen möchte. Er übersiedelte von Graz nach Wien und lernte als Teil des Grünen Klubs die Mechanismen des

Parlaments in- und auswendig kennen. Auch wenn sein Büro selten aufgeräumt war, inhaltlich war er bestens informiert und wir pflegten ein freundschaftliches Verhältnis.

Was ich heute jedoch von ihm vermisse, ist die Klarheit der frühen Jahre. Er wäre als Volkswirt und Vizekanzler mit vier Jahrzehnten politischer Erfahrung das beste Sprachrohr für die Grüne Sache. Er hätte die Glaubwürdigkeit, um zu erzählen, wohin es in der Nachhaltigkeit, in der Wirtschaftspolitik, der Energiepolitik, der Asylpolitik oder der Friedenspolitik gehen muss. Regieren sei nichts für Menschen ohne starke Nerven, meinte Kogler sinngemäß nach einem guten Jahr in der Regierung.[9] Politik sei das Bohren harter Bretter. Das stimmt. Genau deshalb braucht es eine starke Verbindung zwischen den Grünen Regierungsmitgliedern, den Abgeordneten der Grünen im Parlament, den Grünen in den Bundesländern sowie den Aktivist:innen an der Basis. Hier verkaufen sich die Grünen unter Wert. Die Grünen haben derzeit mit 26 Abgeordneten so viele Vertreter:innen im Nationalrat wie noch nie zuvor. Aber wenn ich mich frage, wie der Sprecher für Arbeit und Soziales heißt, muss ich nachschauen. Sein Name ist Markus Koza. Mir ist auch nicht bekannt, wer von den Grünen-Abgeordneten im Nationalrat für das Thema Wirtschaft zuständig ist. Es ist Elisabeth Götze. Für die Themen Verkehr und Mobilität ist Hermann Weratschnig zuständig. In den Medien habe ich bisher nichts von ihm vernommen. Das Grüne Orchester unter Kogler als Dirigent, so mein Eindruck, spielt hier nicht optimal zusammen.

||| Sich nicht in die Ecke drängen lassen

Die erste Beteiligung der Grünen an einer Bundesregierung ist für sie eine große Chance und ein schmerzvoller Lernprozess. Denn ihre Koalitionspartnerin ist jene Partei in Österreich, die es wie keine zweite versteht, Macht zu erlangen und abzusichern: Seit die Grünen 1986 in das Parlament eingezogen sind, ist die ÖVP an jeder Regierungskoalition beteiligt und stellt seit Beginn des 21. Jahrhunderts mehrheitlich den Kanzler. Die ÖVP weiß: Wenn sie ihrer Koalitionspartei in die Parade fahren möchte, rückt je nach Bedarf vom Klubobmann über die Landeshauptfrau bis zum Kanzler jemand aus und weist die Grünen zurecht.

Umweltministerin Leonore Gewessler diskreditieren, weil sie sich für den Schutz von Wölfen einsetzt? Da holt gleich Franz Hörl – ÖVP-Nationalratsabgeordneter, Tirols Wirtschaftsbundchef und Obmann des Fachverbandes der Seilbahnwirtschaft – zur Attacke aus und meint, Gewessler „spiele mit Leben von Mensch und Tier".[10] Die Industrie muss ihren Beitrag zum Klimaschutz leisten? WKO-Präsident Harald Mahrer sieht das anders und meint: „Wer den Betrieben neue Lasten aufbürden will – etwa unter dem Titel Klima oder Vermögensbesteuerung –, ist auf dem falschen Dampfer unterwegs."[11] ÖVP-Innenminister Gerhard Karner beschädigt die Rolle Österreichs in Europa, indem er auf EU-Ebene als einziger gegen den Schengen-Beitritt Bulgariens und Rumäniens stimmt? Das geht – auch wenn die Grünen als Koalitionspartner gänzlich anderer Ansicht sind. In der ÖVP ist es gang und gäbe, dass sich vom Arlberg bis zur pannonischen Tiefebene jemand hinstellt und dem Koalitionspartner sowie den Medien die Welt erklärt. Das ist auch ihr gutes Recht und die Partei hat den Machtapparat dazu. Aber die Grünen müssten als kleiner Koalitionspartner ihre Standpunkte und Vorhaben klar kommunizieren. Gerade dann, wenn sie von der ÖVP blockiert werden.

Klimaschutzgesetz? „Ist ausgearbeitet, so sieht es aus. Leider bewegt sich hier die ÖVP nicht". Ökosoziale Steuerreform? „Liegt schon lange in der Schublade und hätte diese und jene Vorteile. Leider steht die ÖVP hier auf der Bremse." Moderne Asylverfahren und Gesetze zur Beschäftigung von Zuwanderer:innen? „Dazu haben wir fertige Konzepte in den Ministerien. Leider verzögert die ÖVP die Umsetzung." Der Macht des ÖVP-Systems aus Kammern, Abgeordneten und Regierungserfahrung müssen die Grünen die Macht der Konzepte, Ideen und Visionen entgegensetzen.

||| Wer ist verantwortlich dafür, dass die Klimaziele nicht erreicht werden?

Die Grünen haben auch als Regierungspartei konkrete Erfolge nachzuweisen: das Klimaticket, die Anhebung der Mindestpension, 60 Millionen für neue Radwege, neue Modelle in der Pflege, 80 Millionen für die Erhaltung der Artenvielfalt, die Einrichtung einer Stelle für Frauen- und Gendergesundheit, Vorstoß beim Erneuerbare-Wärme-Gesetz, um Klimaneutralität bis zum Jahr 2040 zu erreichen. Die Liste darf und muss die Partei gerne regelmäßig hervorholen. All diese Projekte tragen dazu bei, dass wir den Klimawandel ein Stück besser bekämpfen und die Gesellschaft gerechter machen können. Für viele ist das jedoch zu wenig. Darüber als Wähler:in oder Aktivist:in enttäuscht zu sein, ist legitim und verständlich. Ein Faktencheck des Nachrichtenmagazins profil hat nach drei Jahren Regierungsarbeit zwölf Vorhaben der schwarz-grünen Regierung zum Thema Klimaschutz unter die Lupe genommen. Fazit: „Manches ist passiert, vieles steht aber noch aus. So werden die Klimaziele nur schwer erreichbar sein."[12] Wer ist dafür verantwortlich: Die Grünen, die ÖVP oder beide? Diese Frage muss die Partei beantworten. Die Grünen können bei diesen Vorhaben – auch mit weniger Macht ausgestattet – Dinge bewegen. Das habe ich damals bei der Trinkwasserfrage im Leibnitzer Feld gesehen. Das haben die zahlreichen Grünen Politiker:innen in den Städten und Bundesländern gezeigt. Das sehe ich auch bei den Grünen Minister:innen in der Regierung. Dafür braucht es keine Machtspiele mit der ÖVP unter der Gürtellinie. Was es jedoch braucht, ist, klar in der Sache zu sein.

||| Wandel – Die Grünen als Vorreiter

Die deutsche Wochenzeitung Zeit hatte im September 2021 eine spannende Schwerpunktgeschichte. Sie lautete „Wir können auch anders" und beschäftigte sich mit Gewohnheiten und Veränderungen.[13] Darin ging es um die wissenschaftlich untersuchte Tatsache, dass sich Menschen in ihren Verhaltensweisen nur schwer ändern, es Gesellschaften aber dennoch gelingt, sich zu wandeln und weiterzuentwickeln. Wie entsteht also Wandel? Ein Experiment hat gezeigt, wie eine Gruppe von zehn Menschen einen neuen Weg einschlagen kann. Meistens gibt es in einer Gruppe eine Person, die für einen Richtungswechsel eintritt. Bleibt diese Person aber alleine, wird sie von der Gruppe als Sonderling betrachtet, wird isoliert oder verstoßen und das Verhalten der anderen bleibt unverändert. Gibt es jedoch eine zweite Person, die sich auf die Seite des:der Ausreißer:in stellt, beginnt die Gruppe zu wanken. Danach folgt den ersten beiden häufig eine dritte Person, das Momentum kippt und es dauert nicht lange, bis auch der Rest der Gruppe in die neue Richtung geht. So kann sich eine Gesellschaft wandeln, auch wenn sich der Mensch als Individuum aus eigenem Antrieb kaum bewegt. Die meisten Menschen folgen, weil sie den Gruppendruck spüren und befürchten, ausgeschlossen zu werden. Wenn alle meine Nachbarn Müll trennen, mache ich es auch. Wenn alle in meiner Firma ein E-Auto fahren, mache ich es auch.

Jede:r kann diesen Prozess nachvollziehen, der:die schon einmal Teil einer Gruppe war. Wir Grünen wurden häufig als Sonderlinge oder Träumer:innen bezeichnet. Rückblickend betrachtet, waren wir aber mit vielen unserer Ideen und Anliegen der Zeit voraus. Das müssen heute selbst die Volks- und Kammervertreter:innen aus der ÖVP eingestehen. Dafür sollten die Grünen aber zwei Dinge beherzigen: Sie müssen ihr ganzes Netzwerk aktivieren, um ihre Konzepte, Forderungen und Vorhaben den Menschen in Österreich näherzubringen. Gleichzeitig müssen sie ihre Tradition als Partei der Bürger:innenbewegungen pflegen und die Tausenden – vor allem jungen – Menschen bei den Klimademonstrationen nicht verlieren. Werner Kogler weiß, wie beides geht. Er hat die Konzepte jahrelang selbst verfasst und sich für deren Umsetzung an Bauzäune gekettet. Als Vizekanzler sollte er sich daran erinnern. Denn eines wäre fatal: Wenn die Grünen als Regierungspartei von den Menschen auf der Straße und in den Bürger:innenversammlungen nur mehr als Machterhalter:innen wahrgenommen werden.

„Nicht zu regieren, wäre feig"
Gespräch mit Sigi Maurer

Sigi Maurer ist Klubobfrau der Grünen im Parlament und hat häufig den nicht sehr dankbaren Job, die Arbeit der schwarz-grünen Regierung rechtfertigen zu müssen. Das macht sie für mich zur idealen Gesprächspartnerin über die Rolle der Grünen als Regierungspartei und die Grenzen des Machbaren.

Als ich 1986 in den Nationalrat eingezogen bin, war Sigi Maurer ein Jahr alt. Während meiner aktiven Zeit haben wir uns daher nicht mehr kennengelernt. Fast 40 Jahre später ist sie als Klubobfrau in gewisser Weise meine Nachfolgerin. Mit einem nicht unerheblichen Unterschied: Wir waren damals acht Abgeordnete zum Nationalrat, im Jahr 2023 sind es 26 grüne Mandatar:innen. Hinzu kommt, dass die Grünen zu meiner Zeit nicht auf der Regierungsbank saßen. War die Arbeit als Klubobmann bei den Grünen immer schon ein schweißtreibendes Hin und Her zwischen Anspruch und Realität, so ist die Geschwindigkeit der zu jonglierenden Bälle heute noch einmal höher. Am Ende unseres Gesprächs zeigt mir Maurer ein Buch, das ihr als Navigationshilfe durch den politischen Alltag dient: „Narzissmus, Machiavellismus und Psychopathie in Organisationen". Ein Werk, das als Rüstzeug für die Arbeit innerhalb einer Partei sicherlich notwendig ist – vor allem, wenn diese in der Regierung ist. Ich wollte von Maurer wissen, ob der Preis einer grünen Regierungsbeteiligung nicht zu hoch ist und was es heißt, an der Macht zu sein.

Wie fühlt es sich an, in der Regierung zu sein?
Super! Endlich können wir Dinge umsetzen.

Angetreten seid ihr mit der Botschaft „Das Beste aus beiden Welten". Ich fand dieses Bild ...
Damit sind wir nicht angetreten.

Aber das war das Motto bei der Präsentation des Regierungsprogramms.
Das stimmt so nicht.

Womit seid ihr dann angetreten?
Dieser Spruch „Das Beste aus beiden Welten" ist ein Frame von Sebastian Kurz. Für ihn war das eine gute Message: Grenzen schützen, Klima schützen. Das geht

sich in seiner Klientel aus. Mit uns hatte das aber nichts zu tun. Was soll für uns das Beste aus der ÖVP-Welt sein? Sicher nicht das, was Sebastian Kurz hingestellt hat.

Aber ist diesem Slogan widersprochen worden?
Das war zu Beginn der Koalition schwierig. Ich hatte zu diesem Zeitpunkt als Klubobfrau nicht einmal eine Pressesprecherin. Wir hatten weder Büros noch Personal. Die ÖVP hingegen war fixfertig aufgestellt. Es gab den Koalitionsvertrag, danach die Angelobung und wir haben die Kabinette in den Ministerien bezogen. Gleichzeit hat die ÖVP schon ihre Minister und Ministerinnen beinahe im Tagestakt Interviews geben lassen und dabei diese Erzählung gezeichnet. Das war brutal und anfangs unmöglich, dagegen kommunikativ anzukommen.

Ihr habt euch überrumpeln lassen?
Was hätten wir tun sollen?

Werner Kogler hätte sagen können: Ich weiß nicht, wie das der Herr Bundeskanzler gemeint hat mit den zwei Welten. Aber für uns Grüne gehören diese untrennbar miteinander zusammen und wir versuchen, das Beste in dieser Welt zu machen.
Natürlich war es zunächst ein Lernprozess. Aber wir haben einen umfangreichen Koalitionsvertrag verhandelt, von dem ich im Nachhinein umso überzeugter bin, dass er sehr gut verhandelt war. Da sind große Meilensteine von unserer Seite drinnen, von denen wir schon einiges auf den Boden gebracht haben.

Trotzdem habe ich den Eindruck, dass es keine Grüne Erzählung gibt. Warum setzt sich diese nicht durch? Die Grünen haben fachlich ausgezeichnete Minister und Ministerinnen, du kennst als Klubobfrau das politische Geschäft sehr gut.
Es ist sicherlich die schwierigste Regierungsperiode seit langem. Gleich nach der Regierungsbildung kam die Corona-Pandemie, dann der Überfall Russlands auf die Ukraine und die Inflation. Und du darfst nicht vergessen: Bis vor zwei Jahren war Sebastian Kurz noch im Amt, mittlerweile haben wir den dritten Kanzler innerhalb einer Regierungsperiode und Kurz steht unter Verdacht, Wahlen durch gekaufte Umfragen manipuliert zu haben. Das Land – vor allem die Justiz – be-

wegte sich in Richtung Orbanisierung. In diesen Tumulten waren die Grünen der einzige stabile Faktor.

Trotzdem habe ich den Eindruck, dass viele – vor allem die Jungen – von den Grünen enttäuscht sind.

Ich bin mir da nicht so sicher. Diese Diskussionen gab es auch, als die Grünen erstmals in Landesregierungen waren. Aber klar: Die DNA der Grünen ist es, immer kritisch zu sein. Das war bei mir nicht anders, als ich in der Uni-Politik angefangen habe. Aber jetzt sind wir in der Verantwortung und da laufen Dinge anders ab. Das eine sind Machtfragen: Wo setze ich mich durch, was muss ich dafür aufgeben? Das andere sind strukturelle Fragen, über die man sich in der Opposition keine Sekunde Gedanken machen muss. Was ich damals im Nationalrat für Anträge gestellt habe: einmal das Schlaraffenland an der Uni bitte! Aber was das kostet, ob diese Vorschläge verfassungs- und kompetenzrechtlich möglich sind, welche Konsequenzen das für die Verwaltung hat: Damit muss man sich in der Opposition nicht befassen. Die außerparlamentarische Opposition hat ihre Funktion, im Parlament hat man eine gewisse Funktion und in der Regierung hat man wieder eine andere Rolle. So funktioniert Demokratie.

Aber laufen die Grünen dabei nicht Gefahr, ihre Verbündeten in den Bewegungen zu verlieren?

Die Jungen wissen schon sehr gut, welche Rolle sie in den Bewegungen haben und welche wir als Regierungspartei. Ich kann selbstverständlich alles versprechen und die realen politischen Machtverhältnisse ignorieren. Aber das wäre nicht seriös, sondern populistisch. Ich bin sehr stolz auf die Grünen, dass sie diesen Transformationsprozess von einer Partei, die nicht einmal mehr im Parlament war, zurück in den Nationalrat und danach in die Regierung in kürzester Zeit so gut geschafft haben. Schau dir die Funktionäre und Funktionärinnen in der SPÖ und ÖVP an. Egal, ob in Wien, Tirol oder im Bund. Die laufen stets mit dem Selbstbewusstsein durch die Gegend, dass sie regieren. Kommen Grüne an die Macht, sagen sie eher von sich selbst: Oh mein Gott, jetzt regiere ich! Sie stehen quasi in der ständigen Selbstkritik darüber, dass sie nicht 100 Prozent ihrer Vorhaben umsetzen können. Das ist ein Lernen, das die Partei als Organisation leisten musste. Ich bin von allen Abgeordneten der Grünen die einzige, die bereits Erfahrung im Nationalrat hatte. Für viele war es nicht leicht, zu akzeptieren, dass sie manchmal auch gegen ihre eigene Überzeugung stimmen müssen.

Glaubst du nicht, dass diese Diskrepanz zwischen Anspruch und Ergebnissen wieder zu Konflikten führen könnte, die vor wenigen Jahren zum Rauswurf der Grünen aus dem Parlament geführt haben?
Das glaube ich nicht. Heute ist vollkommen klar, wofür wir stehen. Die großen internen Widersprüche sehe ich nicht.

Ich höre aber auch andere Stimmen.
Seit dem Crash im Jahr 2017 ist die Partei professioneller geworden. Damals gab es kein gemeinsames Ziel, keine Klarheit darüber, wohin wir wollen. Das war auch extrem schwierig, da Eva Glawischnig ein halbes Jahr vor der Wahl als Parteichefin aufgehört hat. Da gab es in den vergangenen Jahren eine große Veränderung und ein Bewusstsein dafür, was eine Partei im öffentlichen Auftritt braucht, um ihre Ziele zu erreichen. Außerdem laufen wir heute nicht mehr Gefahr, dass die Zukunft der Partei an den Wortmeldungen einer einzelnen Person hängt.

Du spielst auf Peter Pilz an. Als ich mit ihm gesprochen habe, meinte er, seine Vorschläge seien damals erstickt worden, noch bevor es überhaupt zu einer Diskussion kam. Heute sieht er bei den Grünen zu wenig interne Auseinandersetzung und zu viel Angepasstheit.
Es ist immer einfacher, vom Spielfeldrand reinzurufen. Als er noch für die Grünen im Parlament saß, hat er immer wieder Papiere verschickt mit seinen Ideen. Wir haben das „Peter Pilz und seine 99 Luftballons" genannt. Jeder kann sich etwas wünschen. Aber in der Politik muss man auch wissen, wie man es umsetzt.

Apropos umsetzen. Einige Dinge, für die ihr in der Regierung eingetreten seid, wurden nicht umgesetzt. Die Mietpreisbremse zum Beispiel.
Hier halte ich die Kritik auch für gerechtfertigt. Das war ein Kompromiss. Das Problem ist, dass sich die ÖVP durchsetzen kann, indem sie nichts macht. Wir Grüne müssen immer einen aktiven Schritt setzen, da wir die Veränderung wollen. Das ist wesentlich schwieriger. Politik und Demokratie haben viel damit zu tun, Ambivalenzen auszuhalten. Dazu gehört auch der Kompromiss.

Ich bin kein Gegner von Kompromissen. Aber in der Klimafrage hilft das nicht weiter. Umweltministerin Leonore Gewessler kann aufzählen, was sie alles gemacht hat, um die CO2-Emmission zu reduzieren. Aber wenn die Zahlen weiter steigen, hast du ein Problem. Ist das, was ihr verhandelt habt, zu wenig radikal?

Wir können nicht die Verfehlungen der letzten 40 Jahre innerhalb einer grünen Regierungsbeteiligung korrigieren. Wenn wir heute ein Verbot von Gasheizungen in Neubauten umsetzen, sehen wir die Ergebnisse erst in zehn Jahren. Das ist wahrscheinlich die größte Herausforderung in der Kommunikation zum Thema Klima. Die Pflöcke, die wir jetzt einschlagen, haben langwierige Auswirkungen. Und da haben wir viel weitergebracht. Aber wir werden in dieser Regierungsperiode ganz sicher keine sinkenden CO2-Werte haben. Wie soll das gehen?

Aber ist es tatsächlich unmöglich, die Forderung von 80 km/h auf Landstraßen und 100 km/h auf Autobahnen zu übernehmen, nur weil es nicht in der Koalitionsvereinbarung steht?

Die Antwort ist simpel: Dafür brauchen wir eine parlamentarische Mehrheit – und die gibt es nicht. 26 Abgeordnete sind dafür. Das sind die Stimmen der Grünen. Alle anderen sind dagegen. Diese Forderung gibt es seit 30 Jahren, im Nationalrat gibt es dafür aber einfach keine Mehrheit.

Das kann ich realpolitisch nachvollziehen. Aber dann muss ich mir die Frage stellen, ob sich durch die Regierungsbeteiligung der Grünen die Machtverhältnisse überhaupt geändert haben.

Natürlich. Jeder einzelne Beistrich, den wir ändern, hat eine reale Auswirkung auf das Leben der Menschen. Nehmen wir das Beispiel Transparenz. Das wurde in der Öffentlichkeit kaum diskutiert, aber seit heuer muss jedes Amtsgutachten verpflichtend veröffentlicht werden. Wir haben zudem das schärfste Gesetz zur Parteienfinanzierung in der Geschichte der Republik verabschiedet. Der Rechnungshof kann nun endlich direkt in die Parteikassen schauen und prüfen, ob da alles mit rechten Dingen zugeht. So haben wir die gläsernen Parteikassen endlich erreicht, für die wir Grüne seit Jahrzehnten gekämpft haben. Und es macht einen Unterschied, ob es eine Berichtspflicht im Justizministerium gibt oder nicht. Das ist eine Verschiebung von Machtstrukturen, welche die anderen Parteien versucht haben, so lange wie möglich zu vermeiden.

Wäre eine rot-grüne Regierung einfacher?

Das glaube ich nicht. Ich bin eher überzeugt davon, dass wir mit der SPÖ vieles nicht umsetzen könnten, was wir mit der ÖVP geschafft haben. Der Grund ist einfach und mag für einen Grünen komisch klingen: Es liegt am Kapitalismus. Denn die Wirtschaft ist bei grünen Themen schon viel weiter als die Politik. Den Unternehmen ist klar, wohin die Reise geht. Da tun sich viele in der Sozialdemokratie noch schwer mit den Veränderungen. Das zeigt sich auch an der Fundamentalopposition der SPÖ, die angekündigt hat, dem Energieeffizienzgesetz und dem Informationsfreiheitsgesetz im Nationalrat nicht zuzustimmen.

Also doch das Beste aus den beiden Welten Wirtschaft und Ökologie?

Der Titel des Regierungsprogramms heißt „Aus Verantwortung für Österreich". Den haben wir sicherlich ernster genommen als die ÖVP. Wir sind die letzte Generation, die noch etwas tun kann. Ich verstehe, dass sich manche Grüne oder ehemalige Grüne mehr erhofft haben. Aber zu sagen, wären wir doch lieber in der Opposition geblieben, halte ich für zynisch. Klar passieren Fehler und nicht alles gelingt. Wenn man aber den Anspruch hat, die Gesellschaft zu verändern, kann man sich nicht weigern, die Verantwortung in Form einer Regierungsbeteiligung zu übernehmen, weil man eventuell Wähler:innen verliert, die Beliebtheit Kratzer bekommt oder weil es wahnsinnig mühsam ist und man Kompromisse eingehen muss. Das hielte ich für feig und einen Verrat am grünen Programm. Auch wenn du innerhalb einer Koalition nicht immer alles was man sich wünscht umsetzen kann, musst du diese Möglichkeit nützen. Denn außer uns wird es niemand machen.

Schöne Wahlrede.

Haha. Das habe ich mir auch gerade gedacht.

Sigi Maurer (38) ist Nationalratsabgeordnete und Klubobfrau der Grünen seit dem Wiedereinzug im Oktober 2019. Von 2013 bis 2017 war Maurer bereits Abgeordnete der Grünen zum Nationalrat und von 2009 bis 2011 Vorsitzende der Österreichischen Hochschüler:innenschaft (ÖH), die gesetzliche Vertretung der Studierenden in Österreich.

Kapitel V

Sind die Grünen noch Verbündete?

Die Straße, die Zivilgesellschaft und die Grünen

Jede Partei hat einen Ort, der für ihr Selbstverständnis zentral ist. Bei der SPÖ ist es der Gemeindebau. Bei der FPÖ sind es die Burschenschaften. Bei der ÖVP ist es die Kirche. Zumindest war das früher so. Bei der ÖVP hat sich dieser Ort mittlerweile in die digitale Welt verlagert. In der Volkspartei wird Politik heute nicht mehr beim Zusammenstehen nach der Messe gemacht, sondern über dubiose Handy-Chats paktiert. Ich bin mir nicht sicher, ob das der Fortschritt ist, von dem die ÖVP in ihrer jüngsten Kampagne „Fortschritt statt Untergangsszenarien" spricht.

Bei den Grünen war der zentrale Ort ihres politischen Selbstverständnisses immer ein sehr konkreter: die Straße. Menschen, die grün dachten, sind bei Demonstrationen, Versammlungen und Protestcamps zusammengekommen. Daraus sind Allianzen, Freundschaften und manchmal sogar Ehen entstanden. Bürger:innenbeteiligung, das war damals häufig Beteiligung an Protesten. Kein Dorf war zu klein, kein Stück Wald zu entlegen, keine geplante Straße zu kurz, wenn es darum ging, gegen steigende Verkehrsbelastung oder Luftverschmutzung aufzubegehren. Das war nicht immer ungefährlich, aber sehr aufregend. Die Polizei war unsere ständige Begleiterin, sich an Baggern anzuketten gehörte dazu wie das Vaterunser in der Kirche. Viele meiner Grünen Weggefährt:innen habe ich im Gewusel von Protestaktionen kennengelernt.

||| Sallaberger Ennsbrücke

„Beim Protest gegen die Ennsnahe Trasse habe ich im Morgenlicht zwei Gestalten gesehen, einen großen Wuschelkopf und einen kleinen gedrungenen", erzählte Eva Glawischnig einmal von unserer ersten Begegnung Anfang der 1990er-Jahre.[1] Der Wuschelkopf, das war ich. Der andere, das war Peter Pilz. Glawischnig war damals Aktivistin und Sprecherin bei der Umweltorganisation GLOBAL 2000. Die Ennsnahe-Trasse war lange Zeit das umstrittenste Straßenbauprojekt in Österreich. Der Widerstand gegen ihre Umsetzung ist für mich ein Paradebeispiel für die erfolgreiche Verzahnung von Grüner Politik und lokaler Bürger:innenbewegung. Die Trasse in der Obersteiermark war als Verbindung zwischen der Pyhrnautobahn A9 und der Tauernautobahn A10 geplant. Die 15 Kilometer lange, vierspurige Schnellstraße zwischen Liezen und Trautenfels hätte vollständig durch das Landschaftsschutzgebiet Mittleres Ennstal führen sollen. Vorangetrieben wurde der Bau vom damaligen ÖVP-Wirtschaftsminister Wolfgang Schüssel, dem steirischen ÖVP-Landeshauptmann Josef Krainer und der zuständigen ÖVP-Landesrätin für Verkehr und Wirtschaft, Waltraud Klasnic. Auf der anderen Seite formierte sich die „Bürgerinitiative NETT – Nein zur Ennsnahen Transittrasse" mit fast 4.000 Mitgliedern und ihrer unerschrockenen Sprecherin Barbara Stangel.

Bereits beim Anhörungsverfahren zum Bauprojekt im Jänner 1990 sprachen sich in den betroffenen Gemeinden fast 5.000 Ennstaler:innen gegen den Bau aus, knapp 1.000 waren dafür. Trotzdem wollten sowohl die Bundes- als auch die Landesregierung die Trasse durchboxen. Dabei setzten sie auch auf rechtswidrige Mittel. Die steirische Landesregierung erteilte im Februar 1988 eine naturschutzrechtliche Genehmigung für den Bau der Trasse. Da diese nach vier Jahren ohne Möglichkeit zur Verlängerung abgelaufen wäre, wurden im Herbst 1991 einfach Fakten geschaffen und eine Brücke in der Nähe der Ortschaft Aigen errichtet – die sogenannte Sallaberger Ennsbrücke.

Das Problem: Weder gab es im Hochwassergebiet eine wasserrechtliche Genehmigung für die Brücke noch war der Bau der Trasse final genehmigt. Hinzu kam, dass ein Großteil der Fläche, auf der die Straße gebaut werden sollte, Bauern und Bäuerinnen gehörte, deren Enteignungsverfahren noch offen waren. Eine Beschwerde der Betroffenen beim Verfassungsgerichtshof war ebenfalls noch nicht entschieden. Der „Schwarzbau" Sallaberger Ennsbrücke wurde in der Folge zum Ausgangspunkt vieler Protestaktionen.

„Vom Grimming her wehte ein dünner Regen, ein strenger Nordwind blies. Als Bühne diente die Sallaberger Brücke bei Aigen im Ennstal. Eine vorderhand nutzlose (Ver-)Planungsruine aus dem hinlänglich bekannten Trassen-Desaster", beschrieb Frido Hütter, Journalist bei der Kleinen Zeitung, das Szenario bei einem Protesttag im Juni 1995.[2] Mit dabei waren der Meeresforscher Hans Hass, die Musiker Klaus Eberhartinger (EAV), Schiffkowitz (STS) und Willi Resetarits, die Schauspielerin Barbara Rütting und der Autor Johannes Mario Simmel. Hubert von Goisern, dessen Heimatort nicht weit von der geplanten Trasse liegt, meinte damals, dass es darum gehe, sich nicht vor der Verantwortung zu drücken, diese Welt mitzugestalten. „Personen, die das Ohr eines großen Publikums haben, tragen aber noch mehr Verantwortung."[3] Die Sallaberger Brücke diente als Mahnmal und Bühne für unsere Anliegen. Die Brücke führe „ebenso ins Leere wie der Weg des immerwährenden Wachstums, den wir bisher gegangen sind", formulierte es Johannes Mario Simmel.[4]

I I I Mit dem Wachtelkönig zum Erfolg

Meine Aufgabe war es, dem Protest im Parlament eine Stimme zu geben. Der Bericht des Rechnungshofausschusses, dessen Vorsitzender ich war, sorgte im Nationalrat für heftige Diskussionen. Alle drei Oppositionsparteien – Grüne, Liberales Forum und FPÖ – waren sich einig, dass die SPÖ-ÖVP-Regierung eine echte Untersuchung verhindert hatte. An der letzten Sitzung des Rechnungshofausschusses nahmen wir Oppositionsvertreter:innen aus Protest nicht mehr teil. Stattdessen hielten alle drei Parteien eine gemeinsame Pressekonferenz ab. Wir Grüne gemeinsam mit der FPÖ und den Liberalen. Das ist politische Arbeit im Parlament.

Vor Ort im Ennstal versuchte ich in meiner Rolle als Abgeordneter, Übergriffe der Polizei beim Räumen der Protestcamps zu verhindern. Eva Glawischnig gab als Juristin bei GLOBAL 2000 den Aktivist:innen rechtliche Tipps, falls es zur polizeilichen Räumung kommen sollte. Die jahrelange Arbeit lokaler Bürger:inneninitiativen, die Unterstützung durch Künstler:innen, das Know-How von NGOs und das Hineintragen der Anliegen in die politischen Gremien durch die Grünen: Dieses Zusammenspiel hat bei der Ennsnahen-Trasse ausgezeichnet funktioniert. Am Ende wurde der Bau eingestellt. Zum Stopp beigetragen hat aber auch die Natur selbst. Da in der Nähe der geplanten Trasse weitere Brutgebiete der weltweit bedrohten Vogelart Wachtelkönig entdeckt wurden, drohte Österreich ein Konflikt mit den Naturschutzrichtlinien der Europäischen Union. Die Konsequenz: Der damalige FPÖ-Infrastrukturminister Michael Schmid erklärte im Jahr 2000 das Ende der Ennsnahen-Trasse. Der zuständige steirische ÖVP-Landesrat Gerhard Hirschmann war sichtlich enttäuscht und erklärte daraufhin den Wachtelkönig polemisch zum Wappentier der EU. Ein Erfolg, der „ohne die großartige finanzielle Unterstützung durch den Bürgerinitiativen-Fonds der Grünen nicht möglich gewesen wäre", war Barbara Stangel überzeugt, die Sprecherin der Initiative „NETT – Nein zur Ennsnahen Transittrasse".[5]

Dieser Fonds der Grünen unterstützt seit mehr als 30 Jahren Einzelpersonen, Bürger:inneninitiativen und Umweltorganisationen, die sich für den Umweltschutz, Grund- und Menschenrechte und soziale Anliegen einsetzen.

Am politischen Lebenslauf von Barbara Stangel ist gut zu sehen, welche Rolle die Grünen in der Zivilgesellschaft spielen können. Stangel hat als junge Frau in lokalen Bürger:inneninitiativen begonnen, war dann von 1990 bis 2000 in ihrem Heimatort Gemeinderätin für die „Alternative Liste Wörschach", ab Mitte der 1990er-Jahre im Landesvorstand der steirischen Grünen und von 1995 bis 2006 Sprecherin der Grünen im Bezirk Liezen. Im November 2011 wurde ihr stellvertretend für die NETT-Bürger:inneninitiative von den Grünen der „Goldenen Igel" verliehen – eine Auszeichnung für besonders widerständige Bürger:innenbewegungen. Überreicht wurde ihr die Auszeichnung von Ex-Aktivistin und Grünen-Parteichefin

Eva Glawischnig. Die Initiative würde sich nicht aufs „Nein sagen" beschränken, sondern sei „gescheit, belesen, mutig in der Auseinandersetzung, strategisch klug und hartnäckig", sagte Glawischnig in ihrer Festrede im Parlament.[6] NETT habe immer, so die Grünen-Chefin, alle Register gezogen: von der Besetzung bis zur detaillierten fachlichen und rechtlichen Argumentation. Eine schöne Würdigung, die Barbara Stangel leider nicht lange genießen konnte. Zwei Jahre später prallte ihr Auto wenige hundert Meter von ihrem Wohnhaus entfernt mit einem Transit-LKW zusammen und sie verstarb.

||| Vom Ennstal in die Lobau: Spielen die Grünen heute noch eine Rolle?

Bald 35 Jahre ist der Protest gegen die Ennsnahe-Trasse her. Und doch klingt er aktueller denn je. Das wird mir bewusst, wenn ich die Erzählungen von jungen Aktivist:innen höre, die im Jahr 2023 gegen den Bau der Wiener Stadtautobahn durch das Erholungsgebiet Lobau mobilisieren. Die Errichtung von Protestcamps, die Vernetzung des lokalen Widerstands mit Umweltgruppen wie Fridays for Future, Druck auf politische Entscheidungsträger:innen und Anleitungen zum Sich-Anketten an Bagger: So hat sich die Bewegung vor 30 Jahren organisiert, so tut sie es auch heute. Aber spielen die Grünen in diesem Prozess noch eine Rolle? Werden sie von den Menschen, die den Protest vor Ort organisieren, als Verbündete gesehen?

„Ich bin mir sicher, wenn es heute wieder Pläne für ein Hainburg oder eine Ennsnahe Trasse gibt, würden wieder viele von uns dort kampieren."[7] Das sagte Vizekanzler Werner Kogler im Jahr 2011 anlässlich einer Feier zum 30-jährigen Bestehen der Grazer Grünen. In einer Sache hatte er recht: Diese Pläne gibt es wieder. Sie heißen Lobau-Autobahn. Aber möchte jemand von den Betroffenen, dass die Grünen ihre Zelte im Protestcamp aufschlagen? Und auf der anderen Seite: Liebäugeln die heutigen Aktivist:innen überhaupt damit, sich bei den Grünen zu engagieren?

Die Klimaaktivistin Lena Schilling ist wahrscheinlich das bekannteste Gesicht des Protests in der Lobau. Die 22-Jährige ist für den Widerstand gegen die Stadtautobahn das, was Barbara Stangel damals beim Kampf gegen die Ennsnahe-Trasse war. Mit einem Unterschied: Schilling würde sich nicht bei den Grünen engagieren. „Die jungen Leute bei Fridays for Future trauen den Grünen nicht mehr zu, dass sie das, was sie versprochen haben, auch einhalten", sagte sie zu mir (siehe Gespräch mit Lena Schilling). Das klingt hart für jemanden wie mich, der aus der Umweltbewegung kommt und als Grünen-Politiker versucht hat, den Klimaschutz im Parlament voranzutreiben. Ich kann sie jedoch verstehen. Dieser Generation reicht es nicht aus, wenn nur an wenigen Stellschrauben gedreht wird. Dafür ist den jungen Menschen der Klimawandel zu bedrohlich.

Der Autobahntunnel durch die Lobau zeigt aber auch, dass der Faden zwischen den Klimaaktivist:innen und den Grünen nicht ganz gerissen ist. „Die Lobau-Autobahn wird nicht gebaut", erklärte Klimaschutzministerin Leonore Gewessler im Dezember 2021 nach einer Evaluierung des Straßenbauprojektes, sehr zum Ärger des Wiener SPÖ-Bürgermeisters Michael Ludwig.[8] Pikantes Detail am Rande: Die für den Bau zuständige SPÖ-Stadträtin für Mobilität, Ulli Sima, kämpfte damals als GLOBAL-2000-Mitarbeiterin Seite an Seite mit Eva Glawischnig gegen den Bau der Ennsnahen-Trasse.

Den Baustopp der Lobau-Autobahn leitete Gewessler in ihrer Pressekonferenz mit den Worten ein: „Wir entscheiden heute, ob wir eine Welt voller Zerstörung oder eine Welt voller Chancen übergeben."[9] Die Politik entscheidet, aber sie gestaltet nicht alleine. Der Protest vor Ort in der Lobau hat wesentlich dazu beigetragen, dass die Ministerin diesen Schritt machen konnte. Ohne die durch den Widerstand geschaffene Öffentlichkeit und Stimmung, hätte Gewesslers Entscheidung viel stärkeren Gegenwind erzeugt. „In der Lobau hat das Wechselspiel mit den Grünen etwas gebracht", sagt Schilling in unserem Gespräch.

Trotz dieser gegenseitigen Unterstützung scheinen die Grünen nicht in der Lage zu sein, junge Umweltschützer:innen für die Partei zu gewinnen. Es gibt keine bekannten Aktivist:innen von Organisationen wie Fridays for Future oder die Letzte Generation, die für die Grünen kandidieren oder die Partei öffentlich unterstützen. Eher das Gegenteil ist der Fall. In der Vergangenheit hat die Partei jedoch stets aus diesem Milieu Abgeordnete und Mitarbeiter:innen rekrutiert, wie die Beispiele Glawischnig (GLOBAL 2000), Gewessler (GLOBAL 2000) oder Stangel (Initiative NETT) zeigen.

Das ist kein gutes Zeichen, denn in Österreich waren Bewegungen wie Fridays for Future wesentlich verantwortlich dafür, dass die Grünen im Jahr 2019 wieder in das Parlament gewählt wurden und anschließend in die Regierung kamen. ÖVP-Klubobmann August Wöginger spürte die Zeichen der Zeit und war vor der Wahl im Herbst 2019 erzürnt über die politische Einstellung der jungen Leute: „Es kann ja nicht sein, dass unsere Kinder nach Wien fahren und als Grüne zurückkommen. Wer in unserem Hause schläft und isst, hat auch die Volkspartei zu wählen."[10] Das klingt nach einem Weltbild aus dem alten grauen Österreich. Vier Jahre später sieht es jedoch so aus, als ob sich die abtrünnigen Kinder enttäuscht von den Grünen abwenden, nach Alternativen suchen oder gar nicht mehr wählen gehen.

Im Sommer 2022 zeigten die Mitglieder von Fridays for Future ihre Enttäuschung und wandten sich mit einem offenen Brief an Vizekanzler Kogler und Klimaschutzministerin Gewessler. Darin heißt es: „Drei Jahre hatten Sie Zeit, um das Klimaschutzgesetz und Ihr Versprechen zur Klimaneutralität 2040 durchzubringen. Wenn das nicht reicht, dann liegt es nicht an den fehlenden Gelegenheiten, sondern an unzureichender Regierungskompetenz und falscher Priorisierung wichtiger Maßnahmen." Und weiter: „Bringen Sie das Klimaschutzgesetz über die Ziellinie! Die Budgetverhandlungen sind die letzte Chance. Sie haben es in der Hand."[11]

||| Frustration und Kritik

Über die Ziellinie bringen, in der Hand haben. Mich erinnern diese Wortwahl und Erwartung an meine Anfangszeit im Parlament. Nach Jahren des Kampfes waren wir „drinnen", hatten Ressourcen, Öffentlichkeit und ein gutes Einkommen. Jene, die nicht „drinnen" waren, hatten den nachvollziehbaren Anspruch, dass die Grünen Angelegenheiten, für die sie mit uns Seite an Seite gekämpft hatten, nun endlich erledigt werden würden. Das haben wir auch versucht. Wen es interessiert, kann die Tausenden Anträge von uns im Nationalrat nachlesen.

Wir hatten zwar einige Köpfe im Parlament und es wäre schön gewesen, die Dinge in der Hand zu haben, die Realität sah jedoch anders aus. Das führte bei vielen Mitstreiter:innen aus den Bürger:innenbewegungen zu Frustration und Kritik. Und das, obwohl wir „Promis" ununterbrochen versuchten, die Grüne Sache voranzubringen. Auf der anderen Seite liefen wir Gefahr, uns im politischen Alltagsgeschäft zu verlieren. Denn wer mitspielt, ist ständig beschäftigt: mit Sitzungen, Anträgen, Medien, Besprechungen, Terminen. Du bist dauernd am Rotieren und läufst Gefahr, jene zu vergessen, die dich auf das Spielfeld geschickt haben: die Umweltbewegungen, die Bürger:inneninitiativen, die lokalen Aktivist:innen, die Engagierten in den Unternehmen, Vereinen und Sozialprojekten. Sprich: deine Wähler:innen. Und nicht nur diese, sondern auch jene Menschen, die überlegen, dir das nächste Mal ihre Stimme zu geben. Das ist die Basis jedes grünen Erfolges. Sei es an der Wahlurne oder bei konkreten Projekten. Denn die Grünen haben keine Wirtschaftskammer, keinen Gewerkschaftsbund, keine Industriellenvereinigung und keine Liste an wohlhabenden Spender:innen, auf die sie zurückgreifen können. Aber sie haben die richtigen Ideen und den Willen zur Veränderung.

Damit die engagierten Menschen – vor allem die jungen Aktivist:innen – aber nicht komplett den Glauben an die Grünen verlieren, braucht es Kommunikation und Verlässlichkeit.

Kommunikation über die eigene Rolle, die eigenen Ziele, die äußeren Widerstände und welchen Weg die Partei mit den inhaltlich Verbündeten gehen möchte. Das verhindert nicht, dass es keine enttäuschten Stimmen und wütende Gesichter geben wird. Aber es schafft Vertrauen. Wer vertraut, der kann auch Ambivalenzen aushalten. Wer vertraut, der kann auch zähneknirschend anerkennen, dass drei Jahre in der Regierung wenig Zeit sind im Vergleich zu 40 Jahre aufseiten der ÖVP. Wer vertraut, der geht mit dir einen längeren Weg, auch wenn du lieber sofort Resultate sehen möchtest. Vertrauen ist ein Wert, der in allen menschlichen Beziehungen zentral ist. Gerade die Grünen sollten ihn in der Politik hochhalten.

I I I Gemeinsam mit den Bewegungen Fridays for Future und Black Lives Matter

Apropos Vertrauen. „Hilfe, Vertrauenskrise!" lautete im Dezember 2022 der Titel einer Veranstaltung des SORA-Forschungsinstituts. SORA hat 2018 den „Österreichischen Demokratie Monitor" ins Leben gerufen, der jährlich die Demokratieentwicklung im Land unter die Lupe nimmt. Das Fazit: In Österreich ist das Vertrauen in die demokratischen Grundpfeiler in den vergangenen zehn Jahren merklich gesunken. Fast sechs von zehn Menschen in Österreich sind davon überzeugt, dass das politische System weniger oder gar nicht gut funktioniert.[12] Ein historischer Tiefstand. Die Grünen standen stets für mehr Demokratie, Transparenz, Inklusion und Beteiligung. Für mich war immer klar, dass wir ein Teil der Lösung sind. Aber trifft der Vertrauensverlust in die Politik auch auf die Grünen zu? Werfen wir einen Blick auf die prägenden sozialen Bewegungen der letzten Jahre.

Am 15. März 2019 demonstrierten 30.000 Menschen am Wiener Heldenplatz für den Klimaschutz. Die von Fridays for Future organisierten Klimastreiks und Demonstrationen katapultierten das Thema in jedes Dorf in Österreich, im Parlament wurde der Klimanotstand ausgerufen und die Kronen Zeitung startete –

ähnlich wie bei der Unterstützung der Proteste in der Hainburger Au – eine Klimakampagne. Vor den Streiks gab es im Jahr 2018 in den österreichischen Medien insgesamt 5.721 Artikel zum Thema Klimaschutz, im Jahr 2019 waren es bereits 14.323 Artikel. Gleichzeitig unterstützte eine Initiative von 26.800 Wissenschafter:innen aus dem gesamten deutschsprachigen Raum die Bewegung und unterstrich die Anliegen der Klimaproteste mit wissenschaftlichen Zahlen und Fakten. In diesem Jahr herrschte eine Aufbruchsstimmung, wie ich seit der Friedensdemonstration im Jahr 1982 nicht mehr erlebt habe. Ohne diese Welle wären die Grünen heute nicht in der Regierung.

Ein Jahr später, am 4. Juni 2020, versammelten sich sogar 50.000 Menschen in Wien, um für ihr Anliegen auf die Straße zu gehen. Der gewaltsame Tod des Afroamerikaners George Floyd am 25. Mai in Minneapolis durch einen Polizisten hat weltweit Proteste gegen rassistisch motivierte Polizeigewalt ausgelöst. „I can't breathe" („Ich kann nicht atmen"), der letzte Satz Floyds vor seinem Tod, wurde auf der ganzen Welt zum Symbol für den Kampf gegen Rassismus und Ungleichheit. So auch in Österreich. Die Demonstration in Wien hat gezeigt, wie sehr sich das Land und die Menschen seit der großen Friedensdemonstration verändert haben. Die Teilnehmer:innen waren jung, feministisch, divers, BPOC (Black and People of Color) und queer. Wenn unsere Proteste und Demonstrationen in den 1980er-Jahren einen frischen Wind in das graue Österreich gebracht haben, dann war die Zusammenkunft im Juni 2020 ein Orkan in Regenbogenfarben. Dabei ging es nicht nur gegen Rassismus und Polizeigewalt, sondern auch um soziale Gerechtigkeit, für Gleichberechtigung und für Diversität in Genderfragen. Sprich: um Inklusion aller Menschen, die in Österreich leben. Es war ein Aufruf an die Politik, dass diese Diversität in allen Bereichen des öffentlichen Lebens einen gleichberechtigten Platz und eine Stimme bekommt. Das war immer auch der Anspruch von uns Grünen.

Glauben die Teilnehmer:innen der Fridays-for-Future-Bewegung und der Black-Lives-Matter-Demonstration daran, dass die Grünen ihre Anliegen in den politischen Institutionen am besten vertreten? An der Black-Lives-Matter-Veranstaltung im Juni 2020 beteiligten sich zum Beispiel die Grünen Nationalratsabgeordneten Faika El-Nagashi (Integrations- und Diversitätspolitik), Georg Bürstmayr (Sicherheitssprecher) und Ewa Ernst-Dziedzic (Außenpolitische Sprecherin). Im Vorfeld des „Internationalen Tags gegen Rassismus" im März 2022 organisierten die Wiener Grünen einen Abend mit der Sprecherin des Black Voices Volksbegehren Noomi Anyanwu, gemeinsam mit der Wiener Gemeinderätin Berîvan Aslan. Es gibt sie noch, die Verbindungen zwischen den Grünen und der Zivilgesellschaft.

Demgegenüber ist im August 2021 die ehemalige Wiener Parteichefin der Grünen und Vizebürgermeisterin Birgit Hebein aus der Partei ausgetreten: „Die grüne Politik mit all den Argumenten und Nichthaltungen erreichen nicht mehr mein Herz", erklärte sie.[13] Hebein, die auf Seiten der Grünen das Regierungsabkommen mitverhandelt hat, zeigte sich neben fehlendem Fortschritt im Klimaschutz vor allem von der Asylpolitik der Grünen innerhalb der Regierung enttäuscht. „Damit haben wir Hoffnung zerstört", schrieb sie in ihrer Austrittserklärung. Ich befürchte, dass Hebeins Worte nicht wenige Aktivist:innen der Umwelt- und Black-Lives-Matter-Bewegung teilen. Gerade beim Thema Asyl und Migration ist nicht immer klar, welche Rolle die Grünen einnehmen. Sie sind für die Einhaltung der Menschenrechte und Flüchtlingskonvention. Aber welche Position sie konkret vertreten, erreicht die Menschen nicht. Häufig hört man von den Grünen ohnehin nichts zu diesen Themen. Davon profitiert die ÖVP mit ihrem rechten Kurs – und natürlich die FPÖ, deren verkürzte Slogans seit 30 Jahren unverändert wirken, wenn Menschen verunsichert sind.

||| Rollenspiele und Vereinnahmung

„Es gibt einzelne Menschen bei den Grünen, die ich als Verbündete sehen würde. Andere nicht", meinte Lena Schilling in unserem Gespräch über die Grünen. „Wo sind die Grünen beim großen Umweltprotest in der Lobau?" fragte der Falter im September 2021.[14] Die Antwort gab Kilian Stark, Mobilitätssprecher der Wiener Grünen: „Es ist ein Wunsch der dort engagierten Initiativen, nicht politisch vereinnahmt zu werden." Stark erklärt die Abwesenheit der Partei bei den Lobau-Protesten auch mit einer unterschiedlichen Rollenaufteilung: „Unsere Aufgabe ist es, in den Gremien Anträge zu stellen und Anfragen zu formulieren." Diese Rollenverteilung – ähnlich wie bei der Ennsnahen Trasse – funktioniert aber nur, wenn die Beteiligten das Gefühl haben, dass sie auf der gleichen Seite wie die Funktionsträger:innen stehen. Die jeweilige Seite ist dabei natürlich nicht nur schwarz oder weiß. Aber die Aktivist:innen vor Ort hatten und haben ein gutes Gefühl dafür, wem sie vertrauen können und wem nicht. Hier haben sich in den letzten Jahren Risse aufgetan, die von den Grünen keinesfalls abgetan oder als naiv belächelt werden sollten.

Einen richtig großen Riss hat die dritte große Demonstration der letzten Jahre zum Vorschein gebracht. Am 15. Jänner 2022 versammelten sich in Wien rund 30.000 Menschen, um Kritik an den Corona-Maßnahmen der Regierung zu üben. Auch diese Zusammenkunft an Menschen war sehr divers – wenn auch in einem ganz anderen Sinn. Hier protestierten wütende Neonazis Seite an Seite mit frustrierten Unternehmer:innen und erschöpften Eltern. Ich wäre nicht auf die Idee gekommen, an dieser Veranstaltung teilzunehmen. Aber ich habe mir die Frage gestellt, wie die Grünen damit umgehen. Schon zu Beginn der Ökologiebewegung in Österreich habe ich nicht wenige Menschen im Grünen Umfeld kennengelernt, die dem eigenen Immunsystem mehr vertrauten als der Medizin. Zudem gab es bei manchen in der Grünbewegung immer eine gewisse Technologie- und Wissenschafts-Skepsis. Es hat mich daher auch nicht überrascht, dass sich Ende 2021 eine Gruppe mit dem Namen „Grüne gegen Impfpflicht und 2G" formiert und mit einem offenen Brief an die Parteispitze gewandt hat.

Ich habe die Maßnahmen der Bundesregierung während der Corona-Pandemie großteils als richtig empfunden. Ich habe aber auch kein Problem damit, mich mit den Standpunkten der Kritiker:innen auseinanderzusetzen, solange sie nicht ins Absurde abgleiten. Die Corona-Pandemie war eine einzigartige Herausforderung für die politisch Verantwortlichen. Was ich im Zuge der Maßnahmen jedoch vermisst habe, war der Versuch der Regierung – und insbesondere der Grünen – inhaltlich klar zu sein, aber gleichzeitig im Gespräch mit den Kritiker:innen. Der aktuelle Gesundheitsminister Johannes Rauch hat es richtig formuliert, wenn er meint: „Ich stelle mich bedingungslos vor die Wissenschaft, wenn sie attackiert wird, infrage gestellt wird und ad absurdum geführt wird."[15] Dabei kann es aber nicht bleiben. Das ist auch Rauch bewusst, wenn er sagt: „Das Gespräch mit den Menschen zu suchen, auch wenn sie total anderer Meinung sind, da bin ich mit dabei." Diesem Anspruch sind die Grünen während der Corona-Pandemie nicht immer gerecht geworden.

Ein Beispiel. Rauch war seit dem Jahr 2000 Abgeordneter im Vorarlberger Landtag und später Landesrat für Umweltschutz und Nahverkehr. Der erste Grüne, der in einen Landtag einzog, kommt ebenfalls aus Vorarlberg. Der bärtige Biobauer Kaspanaze Simma aus dem Bregenzerwald galt in den 1980er-Jahren als Ikone der Grünbewegung und führte die Vorarlberger Grünen als erste Grünpartei Österreichs in eine Landesvertretung. Vieles, für das Simma als Pionier der Bio-Landwirtschaft steht, gehört zur DNA der Grünen. Große Diskrepanz gibt es jedoch beim Thema Impfen. Ich habe Simma im Frühling 2023 das erste Mal seit Jahren wieder getroffen. In unserem Gespräch hat er mir erzählt, dass er sich nicht gegen Covid-19 impfen lässt und enttäuscht darüber war, dass die Grünen einer Impfpflicht zugestimmt haben. Je länger die Pandemie andauerte, so Simma, umso mehr hatte er das Gefühl, nicht mehr gehört zu werden. Seine Gründe gegen die Impfung kann ich schwer nachvollziehen. Seine Enttäuschung über die Grünen schon.

Es ist wichtig, klar Position zu beziehen und sich abzugrenzen, wo es dringend nötig ist. Aber die Grünen müssen sich davor hüten, in moralische Selbstgerechtigkeit zu verfallen. Fäden sind schnell gekappt, aber Vertrauen wieder aufzubauen, braucht viel Zeit. Das zeigt auch die steigende Skepsis gegenüber den öffentlichen Institutionen und unserem demokratischen System. Ich finde es daher wichtig, dass ehemalige Weggefährten wie Kaspanaze Simma bei den Grünen weiterhin Gehör finden – auch wenn sie in manchen Bereichen eine grundlegend andere Ansicht vertreten. Warum soll es bei den Grünen nicht möglich sein, dass bei einer Aktion für den Klimaschutz sowohl Lena Schilling als auch Kaspanaze Simma sprechen, neben dem Austro-Pop-Musiker Schiffkowitz das Ottakringer Rapduo Esrap auftritt und und Grüne Spitzenpolitiker:innen ihr Zelt im Protestcamp aufschlagen. Klingt utopisch? Wunderbar. Genau das sollten die Grünen sein.

„Viele sind von den Grünen enttäuscht"
Gespräch mit Lena Schilling

Lena Schilling engagiert sich bei Fridays for Future und ist seit dem Protest gegen die Wiener Lobau-Autobahn zu einer zentralen Stimme der neuen Generation von Klimaaktivist:innen geworden. Ich habe mit ihr darüber gesprochen, ob sie von den Grünen in der Regierung enttäuscht ist und welche Rolle Umweltbewegungen im politischen Prozess spielen können.

Als ich Lena Schilling im März 2023 treffe, reibt sie sich die Augen. Die 22-Jährige kommt von einer Konferenz. Genauer gesagt vom Protest gegen eine Konferenz. Drei Tage lang trifft sich die europäische Gas-Lobby auf Einladung der OMV in der Wiener Innenstadt, um ihr jährliches Netzwerktreffen abzuhalten. Dagegen protestieren Hunderte Aktivist:innen – darunter auch Schilling. Die Polizei löst die Demonstration auf und setzt dabei Pfefferspray ein. Das Video, das Schilling vom Polizeieinsatz auf Twitter teilt, verbreitet sich schlagartig und das Handy der 22-Jährigen meldet sich im Dauermodus, noch bevor wir unser Gespräch beginnen. „Jemand von uns soll in die ZIB kommen, um über den Protest zu sprechen", teilt sie routiniert mit, bevor sie ihr Handy beiseite legt. Ich fühle mich umgehend an die Anfänge der Grünen in den 1980er-Jahren erinnert und freue mich, mit ihr über die neuen Umweltbewegungen und die Rolle der Grünen zu reden.

Die Grünen sind im Jahr 2019 wieder in den Nationalrat gekommen und kurz darauf in die Regierung. Ein Grund war sicherlich, dass im selben Jahr Fridays for Future eine globale Bewegung wurde. In gewisser Weise haben die Grünen also auch dir ihren Erfolg zu verdanken. Hast du dir von den Grünen in der Regierung mehr erwartet?
Die Grünen und wir als Bewegung haben unterschiedliche Zielebenen. Klar ist, dass wir es nicht schaffen werden, die Erderwärmung auf 1,5 Grad Celsius zu reduzieren. Daher stelle ich mir die Frage, was das mit den Grünen als Partei macht. Bei uns sind viele Leute sehr enttäuscht von den Grünen. Das betrifft nicht nur den Klimaschutz, sondern auch Sozialpolitik und Menschenrechtsfragen.

Was wäre die Alternative zu einer Regierungsbeteiligung gewesen?

Es geht nicht nur um Realpolitik, sondern auch um Visionen und Utopien. Wir tingeln seit 30 Jahren mit einem Parteiensystem herum, das sich kaum verändert hat. In dieser Zeit haben wir es nicht geschafft, die gesellschaftlichen Verhältnisse zu ändern und Probleme wie den Klimawandel zu bekämpfen. Warum hat das nicht geklappt? Was hat uns gefehlt? Damit beschäftigen wir uns als Bewegung. Die Grünen gibt es seit 40 Jahren und die Strukturen haben sich nicht zum Besseren gewandelt. Im Gegenteil. Für mich als Aktivistin liegt daher der Schluss nahe, dass die Demokratie, wie wir sie heute haben, nicht in der Lage ist, die wesentlichen Probleme zu lösen. Es braucht mehr direkte Beteiligung.

Wir haben vor 40 Jahren nicht im Parlament begonnen, sondern in der Hainburger Au und in Bürger:innenversammlungen. Die Forderung nach mehr Mitsprache und Demokratie ist der Ursprung der Grünen.

Die lokalen Strukturen und Kämpfe sollten wieder mehr im Mittelpunkt stehen. Die Grünen sind dann stark, wenn ihre Ideen in jedem Dorf wurzeln. Aber das fehlt heute. Die Leute, die bei Fridays for Future aktiv sind, würden im Jahr 2023 niemals zu den Grünen gehen. Der Grund ist einfach: Wir trauen ihnen nicht mehr zu, dass sie das, was sie versprochen haben, auch halten. Das liegt nicht nur an den Grünen. Viele junge Menschen haben ganz einfach das Vertrauen in das parlamentarische System verloren.

Ich bin immer vorsichtig, wenn jemand eine Alternative zur bestehenden Demokratie fordert. Welche Art der Mitsprache stellst du dir vor?

Der Klimarat ist ein erster guter Ansatz, dessen 90 Vorschläge sind großartig. Daran sieht man, dass die Bevölkerung schon viel weiter ist als die Politik. Im Klimarat sitzen ja nicht Grüne, sondern 100 Bürger:innen, die per Zufallsprinzip ausgewählt wurden und die Bandbreite der Gesellschaft darstellen. Oder nehmen wir zum Beispiel das Thema Geschwindigkeitsbegrenzungen. Fast zwei Drittel der Verkehrsunfälle in Österreich passieren im Ortsgebiet. Führt eine Landesstraße durch das Ortsgebiet, dürfen die Gemeinden aber nicht selbstständig über ein Tempolimit entscheiden. Vor kurzem haben sich aber mehr als 100 Bürgermeister:innen aller Parteifarben dafür ausgesprochen, diese Regelung zu ändern und das autonom entscheiden zu können. Daran sieht man, dass direkte Beteiligung Veränderungen ermöglicht, die auf nationaler Ebene blockiert werden. Denn im Nationalrat hätte eine Geschwindigkeitsbegrenzung von Tempo 80 auf Landstraßen und Tempo 100 auf Autobahnen keine Mehrheit. Wir brauchen Klimaräte, Energieräte, Sozialpolitikräte. Diese Form der demokratischen Prozesse müssen wir forcieren. Denn die traditionelle Politik schafft es nicht.

Aber wer trifft am Ende die Entscheidungen: der Gemeinderat oder der Bürger:innenrat?
Die Gemeinderät:innen diskutieren die Vorschläge des Bürger:innenrats und fällen dann Beschlüsse. Diese müssen allerdings vor dem Bürger:innenrat gerechtfertigt werden. Dadurch gibt es ein System aus Checks and Balances.

Würde das wirklich einen Unterschied machen? Am Ende werden doch wieder die alten Machthaber gewählt und entscheiden.
Weil die Strukturen sich nicht ändern. Die Großparteien haben das größte Wahlbudget, ihre Institutionen, Kammern und Positionen. Dadurch wird der Status Quo einzementiert. Menschen brauchen die Erfahrung der Selbstermächtigung. Dafür braucht es einen fairen Zugang zu Informationen und materiellen Ressourcen sowie echte Mitsprache. Die Bundesregierung ist nur von rund einem Drittel der in Österreich lebenden Menschen legitimiert, weil viele gar nicht wählen dürfen oder wählen gehen. Das muss sich ändern. Das Schöne an den Umweltbewegungen ist, dass die jungen Menschen merken, dass sie eine Stimme haben und ihre Anliegen wahrgenommen werden. Dadurch ergibt sich zumindest eine neue Dynamik, die dazu führt, dass die Politikverdrossenheit der Österreicher:innen einen Arschtritt bekommt.

Deinen Optimismus finde ich beeindruckend.
Was bleibt denn sonst?

Sind die Grünen für dich noch Verbündete?
Manche schon. Im Nationalrat und in den Bundesländern sitzen viele schlaue Leute mit guten Ideen und Absichten. Lukas Hammer zum Beispiel, Klimasprecher im Nationalrat, ist einer meiner besten Freunde. Wir sind auf einer Linie und ich weiß, dass er sich jeden Tag reinhaut. Trotzdem schafft er es nicht, grundlegende Veränderungen anzustoßen. Wenn man in eine Regierung geht und weiß, dass man vieles nicht durchbringt, sind die Leute natürlich genervt.

Mit 13,9 Prozent bei der letzten Nationalratswahl lässt sich nicht die ganze Welt ändern.

Das höre ich immer wieder. Aber wir sind diejenigen, die auf der Straße stehen und die Basisarbeit machen, die in der Lobau den lokalen Protest organisieren, bei Polizeieinsätzen mit Pfefferspray vertrieben werden und Klagsandrohungen bekommen. Wir tragen den Klimaprotest weiter. Manchmal gibt es auch Unterstützung durch die Grünen wie zum Beispiel beim Protest gegen die Lobau-Autobahn. Ohne Umweltministerin Gewessler wäre der Bau nicht abgesagt worden, ohne unseren Druck vor Ort wäre der Baustopp wiederrum nicht möglich gewesen. Das war eine gelungene Symbiose.

Du hast ein Buch geschrieben mit dem Titel „Radikale Wende: Warum wir eine Welt zu gewinnen haben". Die Grünen haben sich bei ihrer Gründung als Alternative zu den herrschenden Verhältnissen verstanden. Was ist heute noch davon übrig?

Ich sehe davon nicht viel. Eher im Gegenteil. Ich höre immer nur, was nicht geht, weil es die Realpolitik nicht zulässt.

Für dich sind die Grünen eine Altpartei.

Ja, das sind sie.

Die Partei ist immerhin schon 40 Jahre alt.

Die Grünen, wie sie sich heute darstellen, vertreten sicherlich andere Werte als wir in den Umweltbewegungen.

Zum Beispiel?

Wir fordern ein bedürfnisorientiertes Wirtschaften und eine Kreislaufwirtschaft. So wie es der Club of Rome vor 50 Jahren in seiner Studie „Grenzen des Wachstums" angeregt hat.

Das ist genau der Ursprung der Grünen.

Aber heute nicht mehr.

Du siehst hier einen Widerspruch zwischen euch und den Grünen. Ich glaube aber gar nicht, dass es diesen gibt. Ich habe eher das Gefühl, dass die Grünen diese Grundsätze zu wenig kommunizieren.

Es gibt viele Grüne, bei denen ich das Gefühl habe, dass sie es nicht geschafft haben, eine Distanz zur ÖVP zu wahren. Die Zusammenarbeit innerhalb der Regierung hat sie verändert.

Das mag unglücklich aussehen. Aber in einer Koalition geht es auch um Vertrauen.

Vertrauen? Die Grünen sollten in erster Linie ihren Ideen vertrauen. Wenn man derart nahe an einer Partei ist, die nur für die Reichen steht und alles verrät, für was man selbst eintritt, dann schaut das nicht gut aus.

Daraus höre ich, dass du in Zukunft wohl eher nicht bei den Grünen am Stimmzettel stehen wirst.

Es braucht eine starke grüne Partei, aber ich bin kein Teil davon. Ich habe eine andere Rolle und sehe mich als Speerspitze einer progressiven Bewegung, die für ein anderes System kämpft. Es ist längst notwendig, dass die Grünen klare Kante zeigen. In einem Jahr sind Wahlen und es gibt noch immer kein Klimaschutzgesetz. Das tut weh.

Ist es innerhalb eurer Bewegung ein Thema, selbst eine Partei zu gründen?

Aktuell nicht. Wir haben uns die Gründungsgeschichte der Grünen angeschaut. Sie sind mit großen Zielen innerhalb der herrschenden Strukturen gestartet und nicht weit gekommen. Was soll das also bringen.

Gibt es etwas, das dich positiv stimmt?

Die vielen jungen Menschen, die aktiv sind und die ich begleite. Ich habe letztens nach einem Protest in Wien ein 13-jähriges Mädchen aus dem Polizei-Anhaltezentrum abgeholt. Die Aktivist:innen, die nachkommen, sind intelligent und unerschrocken. Das ist wunderbar und gibt mir Hoffnung.

Lena Schilling (22) ist Klimaaktivistin und engagiert sich bei der Fridays-for-Future-Bewegung. Beim Protest gegen die Lobau-Autobahn hat sie eine maßgebliche Rolle gespielt. 2020 gründete sie den Jugendrat, der sich gegen soziale Ungerechtigkeit und für mehr Mitbestimmung von jungen Menschen einsetzt.

Kapitel VI

Message Control und die Hakenkreuzfahne

Wo sind die starken Bilder der Grünen?

Im Jahr 2023 gab es beim Vienna City Marathon einen neuen Streckenrekord. Der Kenianer Samwel Mailu lief die 42,195 Kilometer in zwei Stunden, fünf Minuten und zehn Sekunden. Eine beeindruckende Leistung. Gleich hinter der Ziellinie wurde der 30-jährige Marathonläufer von zwei Berufsgruppen begrüßt. Dutzende Fotograf:innen versuchten, das beste Foto des verschwitzen Siegers zu machen. Und noch bevor sich der junge Mann so richtig über den neuen Rekord freuen konnte, gratulierten ihm Bundespräsident Alexander Van der Bellen und Sportminister Werner Kogler zu seiner Leistung. Wenige Sekunden zuvor hatten die beiden noch das Band gehalten, durch das der neue Rekordhalter beim Überqueren der Ziellinie lief. Die dabei entstandenen Siegerfotos in den Zeitungen wirkten etwas skurril: Während der Läufer jubelnd die Arme hochreißt, stehen Van der Bellen und Kogler an der Ziellinie und halten anerkennend ihre Daumen in die Höhe.

Mitten in der Wiener Innenstadt, direkt vor dem prachtvollen Burgtheater, wurde an diesem schönen Sonntag im April österreichische Sportgeschichte geschrieben – und dem Geschehen am nächsten waren ausgerechnet jene beide Berufsgruppen, die in Umfragen regelmäßig am Ende der Beliebtheitsskala rangieren.

Es ist ein Paradox, das Politiker:innen und Journalist:innen miteinander teilen. Obwohl ihre Tätigkeit nicht gerade das größte Vertrauen genießt, haben sie in der Bevölkerung eine Sonderstellung. Es gibt in Österreich kaum ein Dorffest, das ohne die herzliche Begrüßung des Bürgermeisters oder der Bürgermeisterin über die Bühne geht. Ähnliches gilt für Journalist:innen. Ihre Arbeit mag zwar misstrauisch beäugt werden, aber jede:r Unternehmer:in ist froh, wenn über die Eröffnung seines:ihres neuen Geschäftslokals berichtet wird. Das Siegerfoto beim Wien-Marathon bringt das Zusammenspiel von Politik und Medien auf den Punkt: Die Medien bekommen einen exklusiven Zugang zum Geschehen, die Politik einen Teil der Aufmerksamkeit. Die restliche Bevölkerung steht etwas distanziert links und rechts vom Zieleinlauf und applaudiert. Der Vienna City Marathon als Beispiel mag banal wirken. Es zeigt aber anschaulich, um was es im Wechselspiel von Politik und Medien geht: Macht. Die Macht der Bilder, die Macht der Inszenierung, die Macht der Emotionen.

||| Das Beste aus zwei Welten: Von der ÖVP überrumpelt

Als Sebastian Kurz und Werner Kogler im Jänner 2020 die erste schwarz-grüne Koalition auf Bundesebene verkündeten, waren dieselben Mechanismen am Werk. „Es ist das Beste aus beiden Welten", fasste der damalige Bundeskanzler die Zusammenarbeit zwischen ÖVP und Grüne zusammen. Gemeint hat er damit, dass es möglich sei, das Klima und die Grenzen gleichzeitig zu schützen. „Das Beste aus beiden Welten" hat sich seitdem als Slogan für die Bundesregierung festgesetzt. Die meisten Zeitungen und Fernsehsender wählten den Spruch am Tag der Angelobung als Schlagzeile für ihre Berichterstattung über die neue Koalition. Und in den Jahresrückblicken wurde „Das Beste aus beiden Welten" häufig zum Zitat des Jahres gewählt. Ich selbst war kein Fan dieser Formulierung. „Ich bin dagegen, dass bei der Erstellung des Regierungsprogramms davon ausgegangen wird, dass es zwei Welten gibt, die der ÖVP und die der Grünen und deren Wahlkampfforderungen. Haben wir nicht immer gesagt, dass es nur eine Welt gibt?", schrieb ich in einem Kommentar für die Kleine Zeitung.[1]

Aber ich bin einem Irrtum aufgesessen. Denn der vielzitierte Slogan – so erzählte es mir Sigi Maurer drei Jahre später (siehe Gespräch mit Sigi Maurer) – war nicht das Motto der neuen schwarz-grünen Regierung. Er war eine Erfindung der ÖVP. Kurz habe den Spruch bei der Pressekonferenz zur Regierungsverkündung einfach aus dem Hut gezaubert – ohne Rücksprache mit dem Koalitionspartner. Nirgends im Regierungsprogramm, so die Klubobfrau der Grünen, sei dieser Satz zu lesen. Ich habe nachgeschaut – und sie hat recht. Ich war jedoch bei weitem nicht der Einzige, der den Irrtum nicht bemerkte. So schrieb zum Beispiel der Standard in einem Kommentar über das erste Regierungsjahr der neuen Koalition: „Das Beste aus beiden Welten', erklärte Sebastian Kurz, als er die Einigung mit dem dritten Koalitionspartner seines Lebens verkündete. Er meinte damit: Ihr Grünen, ihr könnt das Klima schützen, und wir, wir schützen die Grenzen. ,Das Beste aus beiden Welten', wiederholten die Grünen fromm."[2]

Der Slogan ist nicht mehr aus den Köpfen der Journalist:innen und Wähler:innen zu bekommen. Die ÖVP habe die Grünen, so Maurer in unserem Gespräch, einfach überrumpelt. Erfolgreiches „Framing" nennt man das in der Kommunikationswissenschaft. Framing bedeutet, dass unterschiedliche Formulierungen desselben Inhalts das Verhalten des:der Empfänger:in unterschiedlich beeinflussen. Demnach strukturiert ein Frame die Wahrnehmung der Realität auf eine bestimmte Weise und beeinflusst, welche Informationen hängen bleiben. Jede:r von uns benutzt in gewisser Weise einen Frame, wenn er:sie eine Geschichte erzählt. Man könnte auch Fokus dazu sagen. In der Politik ist diese Vorgehensweise aber besonders heikel, da sich meist die Sichtweise jener durchsetzt, die mehr Macht, Informationen und damit Öffentlichkeit haben. Die Aufgabe der Medien ist es, den einseitigen Blick kritisch zu hinterfragen und diesem möglichst viele Sichtweisen entgegenzusetzen. Die ÖVP hat das Framing weitergesponnen und in Form der Message Control perfektioniert. Gerald Fleischmann, der ehemalige Medienberater von Sebastian Kurz und nunmehrige ÖVP-Kommunikationschef, hat sogar ein ganzes Buch darüber geschrieben. Eine Erkenntnis daraus lautet: „Wenn man also möchte, dass die eigene subjektive Wahrheit zur objektiven Wahrheit für alle wird, sollte man dafür sorgen, dass die eigene Wahrheit auch in der Zeitung steht."[3] Steuerung der Informationspolitik auf allen Ebenen, das ist Message Control. Keine Auseinandersetzung, sondern Ablenkung. Keine Abwägung von Argumenten, sondern Verbreitung des eigenen Standpunkts im Dauerfeuer. Keine inhaltliche Debatte, sondern Gefühle verkaufen durch Inszenierung.

„Man ist Makler, Verkäufer und Dienstleister", sagt Fleischmann über seinen Job und fügt immerhin an: „Ohne Substanz
funktioniert auch die beste Vermarktung nicht."[4]

Ich traue mich nicht zu sagen, ob der ÖVP-Medienstratege
damit seinen ehemaligen Chef meint. Die zahlreichen Chats
der vergangenen Jahre lassen vermuten, dass die Volkspartei
unter Sebastian Kurz versucht hat, mit gekauften Umfragen die
öffentliche Meinung zu manipulieren. Für mich stellt sich die
Frage, wie die Grünen in Zeiten von Framing, Message Control
und Fake News ihre Inhalte vermitteln können, ohne sich dabei
im Rennen um die beste Schlagzeile oder den besten Tweet zu
verlieren, gleichzeitig aber in der Lage sind, klare Bilder für ihre
Politik zu schaffen.

I I I Die Pflichterfüllung und die Hakenkreuzfahne

Ich selbst habe mir diese Frage lange gestellt, bevor ich für eine
der größten Aufregungen im österreichischen Parlament ge-
sorgt habe. Am 14. Mai 1987 veröffentlichte die Austria Presse-
agentur um 18:02 Uhr eine Meldung, die mit dem Hinweis
„Alarm" versehen war. Darin hieß es: „Zu einem einmaligen
Eklat kam es am späten Nachmittag im Rahmen der Debatte zum
Außenpolitischen Bericht und zur Causa Waldheim. Der Grüne
Abgeordnete Andreas Wabl entrollte am Rednerpult eine meter-
lange Hakenkreuzfahne mit der Begründung, es sei eine Katastrophe, daß Waldheim unter dieser Fahne gedient habe. Nach
ungeheuren Tumulten und auf Antrag der Klubobmänner von
SPÖ, ÖVP und FPÖ unterbrach Nationalratspräsident Leopold
Gratz die Sitzung."[5]

Worum ging es bei diesem sogenannten Eklat? Ein Jahr vor meiner Rede war Kurt Waldheim, ehemaliger ÖVP-Außenminister
und UNO-Generalsekretär, zum Bundespräsidenten gewählt
worden. Im Wahlkampf auf seine Rolle im Zweiten Weltkrieg als
Angehöriger des SA-Reiterkorps und des NS-Studentenbundes
angesprochen, antwortete Waldheim in der ORF-Pressestunde

ungehalten: Er sei Soldat bei der Deutschen Wehrmacht gewesen wie Hunderttausende Österreicher auch, die ihre Pflicht erfüllt hätten. Von den NS-Kriegsverbrechen am Balkan und in Griechenland, wo Waldheim stationiert war, hätte er nicht wirklich etwas gewusst. Die Causa Waldheim war symptomatisch für das damalige Selbstverständnis der Republik. Die Politik hielt den weitverbreiteten „Opfermythos" aufrecht, nach dem Österreich das erste Opfer Hitler-Deutschlands gewesen sei und entzog sich damit ihrer Verantwortung für die Aufarbeitung der Verbrechen im Zweiten Weltkrieg. Der Satz von Waldheim, er habe nur seine Pflicht erfüllt, war als Ausrede nicht hinnehmbar. Vor allem gesprochen vom Bundespräsidenten – dem höchsten Repräsentanten des Staates.

Waldheim wurde mit diesem Satz zum Symbol der Kriegsverbrechen. Ich wollte darauf antworten und suchte ein Bild, das die Unerträglichkeit von Waldheims Beschönigung verdeutlichte. Ich wollte klar und deutlich machen, was Waldheim hier gesagt hatte. Ja, er hat seine Pflicht erfüllt. Aber in welchem Regime? Unter welcher Fahne? Mit welchen Konsequenzen? Um das zu verdeutlichen, holte ich während meiner Rede im Nationalrat eine Hakenkreuzfahne hervor und zeigte sie dem Plenum.
„Er hat seine Pflicht unter dieser Fahne getan, und ich zeige Ihnen diese Fahne", sagte ich dabei. Ich war mehr als skeptisch, ob Österreich mit diesem Bild umgehen konnte. Ob das Land bereit war, sich seiner dunklen Geschichte zu stellen. Diese Fahne, dieses Bild, konfrontierte Österreich vom Bundespräsidenten über die Dorfgemeinschaft bis zur Familie mit sich selbst. Für mich war der Rahmen dieser Auseinandersetzung, der Nationalrat als oberstes Organ der Volksvertretung, der richtige Ort für diesen Blick in den Spiegel. Die Aufregung war groß. ÖVP und SPÖ distanzierten sich empört. Die FPÖ ging sogar so weit, mich wegen Wiederbetätigung anzuzeigen. Aber auch in den eigenen Reihen hatte ich nicht nur Befürworter:innen meiner Aktion. Der Druck von meinem Mandat zurückzutreten war groß – auch von vielen Medien. Bei einer Pressekonferenz fragte

mich eine Journalistin, was ich an Wiedergutmachung für den angerichteten Imageschaden gedenke zu tun. Ich war aber zu jedem Zeitpunkt meiner Aktion überzeugt, dass es richtig war, mit diesem Bild auf die Verantwortung Österreichs während der Naziherrschaft hinzuweisen. Manche Erkenntnisse mögen unangenehm sein – für uns als Menschen oder als Gemeinschaft. Aber wir wachsen nur, wenn wir uns ihnen stellen. Bevor dieser Punkt erreicht ist, gibt es jedoch zumeist Widerstand. Solange, bis die Mauer zu bröckeln beginnt.

So war es auch in der Hakenkreuz-Causa. Auf die Bitte Waldheims setzte die Regierung eine internationale Historiker:innenkommission ein. Ihr Ergebnis lag im Februar 1988 vor und lautete: Waldheim habe gewusst, was er zu wissen bestritt. Er habe sich in einer „konsultativen Nähe" zu Kriegsverbrechen befunden. Simon Wiesenthal, Holocaust-Überlebender und unermüdlicher Kämpfer gegen Antisemitismus, schrieb daraufhin: „Ich dachte, Waldheim würde diesen Moment nützen, um ohne Gesichtsverlust und zum Wohle Österreichs, dem er als Bundespräsident zu dienen gehabt hätte, zurückzutreten. Denn wer der Unglaubwürdigkeit überführt ist, kann diesen Dienst an Österreich sicher nicht leisten."[6] Waldheim trat nicht zurück und blieb bis zum Ende seiner Amtszeit ein international isolierter Bundespräsident – sehr zum Schaden des Landes. Die Causa schlug weltweit hohe Wellen und selbst die Popkultur beschäftigte sich damit. Lou Reed zum Beispiel schrieb ein Lied darüber mit dem Titel „Good Evening Mr. Waldheim".

Die Waldheim-Affäre führte aber schließlich zu einer Auseinandersetzung mit der Mittäterschaft Österreichs im Zweiten Weltkrieg. Erstmals wurde der „Opfermythos" in einer breiten öffentlichen Debatte hinterfragt. Dadurch wurde der Weg für eine stärkere und systematische Aufarbeitung der eigenen Geschichte frei. Rund drei Jahre nach meiner Aktion, am 8. Juli 1991, hielt SPÖ-Bundeskanzler Franz Vranitzky eine Rede im Nationalrat, in der er erstmals die Mitverantwortung der Österreicher:innen am Leid des Zweiten Weltkrieges anerkannte und sich bei den Überlebenden und Nachkommen der Toten entschuldigte. Die Mauer des Schweigens war eingestürzt.

Unterstützt hat mich damals der Journalist Kuno Knöbl, der die Fahne aus dem Archiv des ORF organisiert hatte. Es war das einzige Mal, das ich mit einem Journalisten gemeinsame Sache machte. Knöbl war einer der kreativsten Fernsehmacher Österreichs und erfand als ORF-Unterhaltungschef unter anderem den „Club 2" – die wohl beste Talksendung, die Österreich je hatte. Er war ein Freigeist, wie es in der heutigen Medienwelt nur mehr schwer möglich ist. „Gibt es solche universal begabte Querköpfe heute nicht mehr oder lassen Formatradio und Fernsehbosse, die mit zittrigen Händen die Quoten des Vortages durchschauen, solche Menschen nicht mehr zu?", schrieb Kurier-Chefredakteur Helmut Brandstätter über Knöbl nach dessen Tod im Jahr 2012.[7] „In Dankbarkeit trauern wir um einen großen Vordenker", würdigte ORF-Generaldirektor Alexander Wrabetz das Schaffen des Fernsehmachers.[8] Das ist insofern bezeichnend, als Knöbl nach meiner Aktion im ORF auf das Abstellgleis gestellt worden war. Apropos ORF: Dieser zeigte damals nur ein verschwommenes Standfoto meiner Aktion und hält die Filmaufzeichnungen aus dem Parlament seither unter Verschluss. Die Bilder meiner Rede mit der Hakenkreuzfahne sind verschwunden.

I I I Die Gesellschaft des Spektakels

Die Medienlandschaft hat sich in den Jahrzehnten seit meiner Aktion grundlegend gewandelt. Das Internet, soziale Medien und Talkshows in Dauerschleife haben ein Tempo in die Politik gebracht, das zu meiner aktiven Zeit nicht vorstellbar war. Heute wären Kampagnen, wie wir Grüne sie zu Beginn unserer Arbeit eingesetzt haben, kaum noch möglich. Unsere ersten Wahlplakate waren inspiriert vom Denken des französischen Autors Guy Debord. Dieser analysierte in seinem vom Geist der 1968er-Revolte geprägten Werk „Die Gesellschaft des Spektakels" die Prinzipien von Macht und Herrschaft. „Das ganze

Leben der Gesellschaften […]", so schreibt Debord in seinem Buch, „erscheint als eine ungeheure Sammlung von Spektakeln."[9] Alles wird zu einer Inszenierung – auch die Politik: „Dort personalisiert sich die Regierungsgewalt zu einem Pseudostar."[10] Dieser extremen Personalisierung wollten die Grünen in ihrer Gründungsphase entgegenwirken. Anstatt Politiker:innen auf die Wahlplakate zu drucken, ließen wir die Sujets von Künstler:innen gestalten. So war zum Beispiel auf einem Plakat ein zu Boden sinkender Schmetterling zu sehen. Heute gäbe es für ein derartiges Wahlplakat auf Twitter nur Spott und Häme.

30 Jahre nach Debord veröffentlichte der deutsche Sozialforscher Georg Franck sein Buch „Ökonomie der Aufmerksamkeit". Darin beschreibt er, wie Institutionen, Prominente, Politiker:innen und Wirtschaftsbosse nach immer mehr Präsenz in der Öffentlichkeit streben. Weil aber die Spanne an Aufmerksamkeit kurz ist, wird immer mehr Geld in Public Relations investiert, um die Message zu platzieren. In den vergangenen zehn Jahren haben die sozialen Medien dieser Entwicklung einen zusätzlichen Schub gegeben. Heute kann jede:r mit einem Twitter-Account oder einem YouTube-Kanal die Aufmerksamkeit des Publikums auf sich ziehen. Das hat dazu geführt, dass sich ernsthafte Politik nicht nur mit der Gesellschaft des Spektakels und Message Control herumschlagen muss, sondern auch mit den Gefahren von Fake News und Desinformation im Internet. Falter-Herausgeber Armin Thurnher resümiert diesen Zustand ernüchternd: „Die Politik ist ein Spiel und die Politiker sind Staatsschauspieler." Thurnher hofft, dass sich die Politik aus dieser Zwickmühle befreien kann und meint: „Wir müssen Politik wieder als Gespräch verstehen, als konstruktiven Dialog." Dem renommierten Journalisten ist aber bewusst, wie schwer das heutzutage ist. Auf die Frage, ob er gerne Politiker wäre, meint Thurnher ehrlich: „Nein. Der Verlust des Privatlebens, der Druck, ständig erreichbar zu sein, die Aufgabe der eigenen Individualität zugunsten der Parteidisziplin."[11] Gesagt hat Thurnher das in einem Interview mit der Wiener Zeitung. Am 1. Juli 2023 hat die schwarz-grüne Bundesregierung die

älteste Zeitung der Welt eingestellt. Die Zeitung, im Eigentum der Republik, stand für unabhängigen, unaufgeregten und fundierten Journalismus – ganz im Gegensatz zur Message Control. Warum die Grünen das Ende der Wiener Zeitung forciert haben, ist mir bis heute unklar. Vor allem Kultur- und Medienschaffende – traditionell den Grünen wohl gesonnen – hat diese Vorgehensweise sehr enttäuscht. Ebenfalls in der Wiener Zeitung ist ein Beitrag erschienen, der zeigt, wie schwer es für Politiker:innen heute ist, sich dem täglichen Spektakel und dem Tempo zu entziehen. In einer Analyse über die Macht von Umfragen heißt es: „Herbert Kickl hat die FPÖ zu einem Umfragehoch geführt. Obwohl es nur Umfragen sind, hat es in der österreichischen Innenpolitik schon gravierende Folgen."[12] Wie ein Dominostein, so analysiert der Artikel, löst das Umfragehoch der FPÖ Entwicklungen in den anderen Parteien aus. Obwohl Umfragen nur Annahmen sind, schaffen sie Unruhe und in der Folge Fakten bei allen Beteiligten.

||| Die Grüne Suche nach neuen Bildern

Können sich die Grünen dieser Dynamik entziehen? Sind sie in der Lage, ihre Inhalte trotz Dauerspektakels verständlich zu machen und schaffen es damit, ernsthafte Gespräche über unsere Zukunft zu forcieren? Und welche Bilder braucht es dafür? Die Antwort mag wie ein Spruch aus einem Yogaseminar klingen. Ich halte sie aber für richtig – gerade, weil sie dem Grünen Selbstverständnis entspricht: bei sich bleiben. Inhaltlich klar sein, sich abgrenzen gegenüber den lauten Rufen der politischen Mitbewerber:innen und dabei verbindlich im Ton bleiben.

Ein Beispiel. Im März 2023 hielt Bundeskanzler Karl Nehammer eine „Rede zur Zukunft der Nation". 80 Minuten lang erklärte der ÖVP-Chef, wie er sich Österreich und die Welt im Jahr 2030 vorstellt. Von einer Vision war in der Rede allerdings nichts zu erkennen. Das Feiern des Verbrennungsmotors und die Kritik an einer Untergangsapokalypse, die nur Angst und Irrationalität auslöse, erinnerte eher an die 1980er-Jahre als an eine Idee, wie wir die Klimakrise lösen und die Zukunft gestalten können.

Für den Grünen Koalitionspartner gab es in der Rede zudem einige Seitenhiebe in den Bereichen Sozialhilfe, Klimaschutz und Flüchtlingspolitik. Es ist legitim, eine solche Rede zu halten. Als Bundeskanzler hat Nehammer die Bühne dafür und er bereitet sich schon auf die nächste Nationalratswahl vor. Was ich mir aber erwarten würde, ist, dass die Grünen ihre Vorstellungen für die Zukunft klar skizzieren. In welcher Welt und in welcher Gesellschaft wollen wir leben? Was braucht es dafür? Wer hindert uns an der Umsetzung? Welche Lobbys und Interessen blockieren, dass wir diese Ziele tatsächlich erreichen? Die ÖVP ist seit 1987 an jeder Regierungskoalition beteiligt. Die Volkspartei hat in den vergangenen vier Dekaden mehr Jahre auf der Regierungsbank verbracht als die Grünen im Nationalrat. Wer trägt die Verantwortung dafür, dass sich die Klimakrise innerhalb einer Generation dramatisch verschärft hat? Wer hat dazu beigetragen, dass die Politik zunehmend als korrupt wahrgenommen wird und das Vertrauen in die Institutionen sinkt? Wie kann es sein, dass Menschen, die im Gesundheitswesen, der Kinderbetreuung oder der Pflege arbeiten, erschöpft ihren Beruf aufgeben, während die Vermögen der Reichen stetig wachsen? Wie ist es möglich, dass die ÖVP zwar ständig davon spricht, Grenzen zu schützen, aber als Zuständige keine Lösung für die Zuwanderung dringend benötigter Arbeitskräfte hat? Eine Rede, die genau diese Themen unterstreicht und einen anderen Weg in den Mittelpunkt stellt, würde ich mir von Vizekanzler Werner Kogler, Justizministerin Alma Zadić, Umweltministerin Leonore Gewessler oder Gesundheitsminister Johannes Rauch wünschen. Denn die Grünen Minister:innen in der Bundesregierung haben in ihren Bereichen eine hohe Kompetenz. Vor allem, wenn ich sie mit so manchen Mitgliedern aus der ÖVP-Regierungsmannschaft vergleiche.

Dieses Wissen in Bilder und Botschaften zu verwandeln, die Menschen mitzunehmen und zu begeistern, ist bisher jedoch zu kurz gekommen. Es ist nachvollziehbar, dass die erste Regierungsbeteiligung der Grünen seit ihrer Gründung eine

Eingewöhnungsphase gebraucht hat. Zudem haben es die rasanten Entwicklungen der Corona-Pandemie, der Überfall Russlands auf die Ukraine und die Inflation nicht leicht gemacht, aus dem Hamsterrad des täglichen politischen Geschäfts auszusteigen, um zwischendurch eine „Grüne Rede zur Zukunft der Nation" zu halten. Aber in der Politik ist es wie mit den sozialen Medien: Ein wenig Abstand zur Dauerbeschallung tut gut, um sich den eigenen Stärken und Vorstellungen wieder bewusst zu werden. Im Yogaseminar würde man wohl „Digital Detox" dazu sagen.

Von den Koffern mit Forderungen am ersten Tag im Parlament über meine Aktion mit der Hakenkreuzfahne bis zum „arschknappen" Wahlsieg Alexander Van der Bellens bei der Bundespräsident:innenwahl: Wir Grüne wissen, wie klare Bilder aussehen und funktionieren.

||| Der Brunnenmarkt als Vorbild

Im Frühling 2023 hat Justizministerin Alma Zadić gezeigt, wie die Grünen der Message Control entgegnen und ihren eigenen Standpunkt deutlichen machen können. Ende März spazierte der Wiener ÖVP-Obmann Karl Mahrer in einem Video durch Ottakring und meinte, dass die Syrer:innen, Afghan:innen und Araber:innen die Macht am beliebten Brunnenmarkt übernommen hätten. Teile des 16. Wiener Gemeindebezirkes kämen einer No-Go-Zone gleich und kaum noch Österreicher:innen würden hinter den Marktständen stehen. Das Video war ein billiger Versuch des ÖVP-Politikers, mit den Bildern der Freiheitlichen Stimmung für die eigene Partei zu machen.

Zadić rückte das Bild in einer Fernsehdiskussion mit Mahrer zurecht: „Die Menschen am Brunnenmarkt haben sich eine Existenz aufgebaut, sind aus einem Kriegsland geflüchtet, haben einen Marktstand erworben, verdienen Geld, zahlen Steuern, sind womöglich auch Wirtschaftskammermitglied. Das sind Menschen, die etwas für unsere Gesellschaft leisten. Diesen Menschen mit einem Schlag ins Gesicht zu sagen, dass sie nicht dazugehören, finde ich leider wirklich rassistisch."[13] Touché. Mahrer blieb danach recht stumm. Zadić hat recht. Diese Menschen am Brunnenmarkt stehen genau für das, was die ÖVP seit Jahren propagiert: Leistung, Integration, Einsatz. Trotzdem werden sie rassistisch beleidigt und müssen für Versäumnisse in der Integrationspolitik herhalten. Und das gerade von jener Partei, die seit Jahrzehnten in der Regierung für genau dieses Thema zuständig ist. An diesem Beispiel wurde deutlich, wie gut es tut, wenn die Grünen klare Bilder zeichnen, ein Thema emotional mitnehmen und die Message Control ins Leere laufen lassen.

Diese klaren Worte, inhaltliche Stärke und Emotionalität brauchen die Grünen, um bei den Menschen Bilder zu erzeugen, die sagen: In diesem Land wollen wir leben, in diese Zukunft wollen wir gehen.

„Am Ende war ich ausgebrannt"
Gespräch mit Eva Glawischnig

Mit Eva Glawischnig als Parteichefin waren die Grünen so erfolgreich wie nie zuvor. Dann trat sie zurück, die Grünen flogen aus dem Nationalrat und Glawischnig wechselte zum Glücksspielkonzern Novomatic. Ich wollte von ihr wissen, warum sie damals alles hinwarf und ob sie sich mit den Grünen versöhnt hat.

Als Eva Glawischnig im Oktober 1999 als 30-Jährige in den Nationalrat einzog, hatte ich mich nach 13 Jahren gerade als Abgeordneter aus dem Parlament verabschiedet. Wir sind daher nie gemeinsam für die Grünen im Hohen Haus gesessen. Gemeinsam kämpften wir jedoch bereits in den frühen 1990er-Jahren für die grüne Sache. „Beim Protest gegen die Ennsnahe Trasse habe ich im Morgenlicht zwei Gestalten gesehen, einen großen Wuschelkopf und einen kleinen gedrungenen", sagte Glawischnig, wie schon erwähnt, über ihren ersten Kontakt mit den Grünen. Mit dem Wuschelkopf war ich gemeint. Der andere war Peter Pilz. Ich habe Eva damals als kluge Juristin und engagierte Aktivistin kennengelernt, die leidenschaftlich für ihre grünen Überzeugungen eintritt. Sie war niemand, die politische Theorien wälzte, sondern sie fokussierte sich auf das Erreichen konkreter Ergebnisse. Später, während ihrer Zeit als Grünen-Parteichefin, ist Eva das bei Wahlen sehr erfolgreich gelungen. Daher hat es mich überrascht, als sie kurz vor der Nationalratswahl 2017 ihren Job aufgegeben hat und wenig später zum Glücksspielkonzern Novomatic gewechselt ist. Ich wollte von Eva wissen, was sich damals abgespielt hat und wie sie die Grünen heute sieht.

Wie bist du zu den Grünen gekommen?
Das musst du doch wissen! Ich war als Jus-Studentin in Graz Anfang der 1990er-Jahre beim Protest gegen die Ennsnahe-Trasse aktiv und war Sprecherin bei GLOBAL 2000. Ich hatte damals stets das Sicherheitspolizeigesetz als Büchlein in der Hosentasche und habe vor Ort Überschreitungen der Polizei dokumentiert. Diese habe ich euch Grüne-Abgeordneten in Wien geschickt. Beim Protest gegen die Trasse habe ich dann dich, Peter Pilz und Madeleine Petrovic gesehen. Madeleine hat mich fasziniert. Einmal hat sie eine Rede auf einem Traktor gehalten. Da habe ich gewusst: Das möchte ich machen! Christoph Chorherr und Michaela Sburny haben mich später eingeladen, im Jahr 1996 bei den Wiener Landtagswahlen zu kandidieren. Damit war ich offiziell eine Grüne.

Du bist aber knapp nicht in den Landtag reingekommen.
Genau. Maria Vassilakou war auf der Liste einen Platz vor mir und ist gerade noch reingekommen. 1999 habe ich dann erfolgreich für den Nationalrat kandidiert und bin gleich Umweltsprecherin geworden. Das war immer eine zentrale Rolle bei den Grünen und ich wollte sie unbedingt haben. Drei Jahre später war ich bereits hinter Alexander Van der Bellen stellvertretende Bundessprecherin und stellvertretende Klubobfrau im Parlament. Das ging alles sehr schnell.

Schnell ist es auch gegangen, als Van der Bellen nach der Nationalratswahl 2008 als Parteichef zurückgetreten ist und dich als Nachfolgerin designiert hat. Ein unüblicher Vorgang bei den Grünen, der vielen missfallen hat.
Van der Bellen war während des Wahlkampfes sehr verärgert. Zunächst hatte er beim Bundeskongress von den Delegierten kein gutes Ergebnis bekommen. Das ist immer eine Schwächung für einen Spitzenkandidaten. Zudem hat er sich gewisse Persönlichkeiten auf der Wahlliste gewünscht, die aber nicht nominiert wurden. Bei der Wahl 2008 hat er leicht verloren und sich entschieden zurückzutreten. Ich wusste allerdings nichts davon. Als wir bei der Sitzung des erweiterten Bundesparteivorstands in den Saal gegangen sind, meinte sein Berater Lothar Lockl zu ihm: Sag es zumindest der Eva. In der Sitzung hat Van der Bellen sein Amt niedergelegt und ich wusste, ich muss etwas tun. Denn eine Partei ohne Führung ist eine Partei mit einem Riesenproblem.

Da hast du dir gesagt: Okay, ich kandidiere?
Ich habe von der Toilette meinen Mann angerufen und ihm gesagt, was ich gerade getan hatte. Im erweiterten Bundesvorstand gab es einen breiten Konsens für meine Nominierung. Was ich zu diesem Zeitpunkt jedoch nicht wusste: Ich war mit meinem zweiten Kind schwanger. Als ich es erfahren habe, wollte ich es noch nicht öffentlich machen, sondern den Bundeskongress abwarten. Das war oft schwierig, denn in dieser Zeit habe ich aufgrund der Schwangerschaft öfters aus Taxis gespieben. Beim Bundeskongress im Jänner 2009 bin ich dann mit mehr als 97 Prozent zur Parteichefin gewählt worden.

Die Wahlergebnisse der Grünen waren in der Zeit von Van der Bellen nicht schlecht. Trotzdem hatte ich den Eindruck, dass es in der Partei rumort. Einige haben inhaltliche Schwächen bemängelt. In welchem Zustand hast du die Grünen übernommen?

Die Partei war nach der Wahl 2008 in einer Depression und ich musste einiges an Wiederaufbauarbeit leisten. Die Finanzmarktkrise war das bestimmende Thema, und Van der Bellen vertrat hierbei eine andere Position als der Großteil der Partei. Andere Themen haben gefehlt, es wäre eine stärkere Ökopolitik und linkere Sozialpolitik nötig gewesen. Gleichzeitig sind aber sehr wertvolle Bausteine für grüne Politik entstanden, wie zum Beispiel das Konzept „Arbeit durch Umwelt" oder das ökosoziale Steuermodell. Zu erkennen, dass wir durch Umweltschutz und Green Jobs eine positive wirtschaftliche Entwicklung erreichen können, war sehr fortschrittlich.

Was hat die Partei gebraucht?
Eine Versöhnung mit sich selbst. Die Grünen haben es immer hervorragend verstanden, sich mit der Natur und der Umwelt zu versöhnen. In der Sozialpolitik und in Migrationsfragen sind sie stets dafür eingetreten, dass Allen wertschätzend begegnet wird. Aber wir Grüne hatten immer Schwierigkeiten, wenn es darum ging, miteinander versöhnlich zu sein.

So war es auch schon zu meiner Zeit. Woran liegt das?
Das politische System ist auf Ellenbogentaktik ausgerichtet. Du stehst immer in Konkurrenz mit anderen Abgeordneten. Es ist ein ständiges Ringen um Platz in den Medien, um interne Positionen, um Aufmerksamkeit. Gleichzeitig hatten die Grünen immer eine familiäre Struktur. Du musst trotz aller Begehrlichkeiten zusammenarbeiten und gemeinsam stark sein. Da wirken ähnliche Mechanismen wie in einer Familie – mit schönen Momenten auf der einen Seite sowie Verletzungen und Kränkungen auf der anderen.

Als du die Partei übernommen hast, hatte ich den Eindruck, dass du dich auf die Bereiche Ökologie und Frauenpolitik konzentrierst. Andere Themen und Stimmen hatten nicht mehr so viel Platz. Hat mich mein Eindruck getäuscht?
Wir haben versucht, einen Markenkern der Grünen zu entwickeln. Die Menschen werden ständig beschallt, da kannst du nicht mit 1000 Botschaften kommen. Wir haben versucht, mit dem Slogan „Saubere Umwelt, saubere Politik" eine klare Botschaft zu vermitteln. Mein Ziel war es, die Partei stilistisch und in der Kommunikation lockerer zu machen. Weg mit dem Zeigefinger, mehr Augenzwinkern.

Peter Pilz meinte mir gegenüber, die Grünen wurden in dieser Zeit als Partei enger. Wie siehst du das?

Ich habe immer einen demokratischen Führungsstil gepflegt und habe sicherlich niemanden niedergetögelt. Ich war aber sehr überzeugt davon, dass wir diesen Weg professionell gehen müssen. Wenn du Kampagnen erfolgreich umsetzen willst, musst du dich auf zwei bis drei Themen konzentrieren. Du kannst nicht vom Bienensterben über die Gentechnik bis zur Finanzpolitik alles gleichzeitig kommunizieren. Mit dieser Strategie haben wir auch bei allen Wahlen dazugewonnen.

Das ist das Paradoxe. Bei der Nationalratswahl 2013 hast du als Spitzenkandidatin mit 12,42 Prozent das bis dahin beste Ergebnis der Grünen erzielt. Ein Jahr später erreichte Ulrike Lunacek als Spitzenkandidatin bei der EU-Wahl sogar 14,52 Prozent. Die Grünen waren in dieser Zeit in sechs Landesregierungen vertreten. Drei Jahre später explodiert die Partei und die Grünen fliegen aus dem Parlament. Was war da los?

Für die EU-Wahl 2014 hatten wir thematisch und personell eine sehr gute Ausgangsposition. 2015 kam die Flüchtlingskrise und die Grünen sind extrem unter Druck geraten. Zwei Jahre lang gab es nur mehr ein Thema. Das war wahnsinnig anstrengend. Kurz darauf ist der Konflikt mit Peter Pilz aufgebrochen. Einerseits gab es den Bericht der Gleichbehandlungsanwaltschaft zu den Vorwürfen der sexuellen Belästigung, auf den ich als seine Dienstgeberin reagieren musste. Andererseits gab es die inhaltlichen Querschüsse von Peter Pilz beim Thema Integration. Und dann kam auch noch der zehrende Wahlkampf um das Bundespräsident:innenamt hinzu. Der hat mit drei Stichwahlen fast ein Jahr lang gedauert. Die Vorgabe war damals, dass ich als Parteichefin nicht als kantige Grüne auftreten konnte.

Das musst du mir erklären.

Es ging darum, bei der Stichwahl zwischen Van der Bellen und Norbert Hofer die konservative Mitte nicht zu verschrecken, um die Wahl zugunsten von Van der Bellen zu entscheiden. Daher konnte ich in Interviews oder Sommergesprächen keine progressiven Positionen vertreten, weil er sonst beim nächsten Anlass danach gefragt worden wäre. Ich sollte auch nicht in seiner Nähe sein, um einen grünen Anstrich bei Van der Bellen zu vermeiden. Er hat dann zwar die Wahl gewonnen, die Partei war aber hochverschuldet und ausgelaugt. Mein Presse- und Kampagnenteam haben im Wahlkampf für Van der Bellen gearbeitet, nach der

Wahl sind alle zu ihm in die Hofburg gewechselt. Ich habe mich im Stich gelassen gefühlt und mir ist die Kraft ausgegangen.

Dann hast du den Hut draufgehaut?
Mein Körper hat Stopp gesagt. Ich hatte einen allergischen Schock, den die Ärzte nicht erklären konnten. Mein ganzes Gesicht war derart angeschwollen, dass meine Kinder die Rettung anrufen mussten, weil ich nicht einmal mehr das Handy bedienen konnte. Ich habe früher immer gedacht, dass es möglich ist, einen Job als Spitzenpolitikerin und ein Leben mit zwei kleinen Kindern zu vereinbaren. Ist es aber nicht – auch nicht bei den Grünen. Ich bin am Ende ausgebrannt.

Das klingt sehr heftig. Als du zurückgetreten bist, war mir gar nicht bewusst, was da alles abgelaufen ist. Die Vereinbarkeit von Familie und Beruf ist für Männer ja meistens kein Thema.
Einmal hat mich ein Journalist bei einem Interview gefragt: „Und wer kümmert sich jetzt gerade um Ihr Kind?" Erstens geht das niemanden etwas an, zweitens werden das immer nur Frauen gefragt. Ein anderes Mal wurde ich nach meiner Babypause bei einem Interview gefragt, ob ich nun wieder zurück aus der Hängematte sei. Das zeigt, in welcher Gesellschaft wir leben. Das hat sich seither kaum geändert. Einmal hatte ich einen Fernsehtermin, war zuhause schon für das Interview gekleidet als mein jüngster Sohn mir beim Stillen kurz vor Abfahrt auf meinen Anzug kotzte. Ich musste aber schon weg und habe mir beim Rausgehen aus der Wohnung noch rasch eine rote Lederjacke zum Drüberwerfen geschnappt. In der TV-Analyse nach meinem Interview hieß es dann: Mit ihrer roten Lederjacke versucht Eva Glawischnig, die jungen Leute anzusprechen.

War der Rücktritt befreiend? Ein paar Monate später bist du – für viele sehr enttäuschend – zum Glücksspielkonzern Novomatic gewechselt. Gleichzeitig bist du bei den Grünen ausgetreten.
Ich war gekränkt, was auch dazu geführt hat, dass ich das Angebot von Novomatic angenommen habe. Ich wusste nicht mehr, wie ich weitermachen soll und der Rücktritt war da sicherlich eine Befreiung. Jemand aus der Partei hat einmal zu mir gesagt, ich sei eine Halbtagsparteichefin, weil ich mich neben dem Job auch noch um meine Kinder kümmere. Solche Verletzungen bleiben hängen. Früher dachte ich immer, dass die Haut als Politikerin mit der Zeit dicker wird. Aber das Gegenteil ist der Fall.

Die Geschwindigkeit in der Politik ist seit meiner aktiven Zeit enorm gestiegen. Du warst Parteichefin, als das Internet als Nachrichtenquelle und die sozialen Medien populär wurden. Was hat das verändert?

Du musst in jeder Sekunde zu allem eine Meinung haben und darfst keinen Fehler machen. Es fehlt der Raum, um sich mit Themen und Entscheidungen zu beschäftigen.

Hinzu kommt, dass es nicht nur um deine Meinung geht. Du musst für die ganze Partei sprechen.

Das ist eine hohe Kunst, die nicht immer gelingt. Seit der Flüchtlingskrise im Jahr 2015 ist der Ton in den sozialen Netzwerken rauer geworden und ist von Aggressivität geprägt. Frauen – vor allem Frauen in der Öffentlichkeit – sind ständig Ziel von Anfeindungen und Angriffen. Gegen mich gab es Tötungsfantasien verknüpft mit Sexismus. Ich habe mich dann entschieden, mich mit Klagen zu wehren. Viele davon habe ich mit Hilfe meiner Anwältin Maria Windhager gewonnen. Wir haben es sogar geschafft, dass Facebook verpflichtet wurde, Hasspostings gegen mich zu entfernen. Die Corona-Pandemie hat dieser negativen Entwicklung aber leider noch einmal einen Schub gegeben.

In der Flüchtlingskrise sind die Grünen stark unter Druck gekommen. Ein paar Jahre später hat sich die Themenlage gedreht, die Grünen sind zurück in den Nationalrat und sogar in die Regierung gekommen. Wie siehst du die Arbeit deiner ehemaligen Weggefährt:innen?

So kann sich das Blatt wenden, es braucht manchmal eben auch Glück. Ich bin mir sicher, dass sich alle Grünen-Minister:innen abrackern. Sie sind unglaublich diszipliniert, weil sie den Rauswurf aus dem Nationalrat erlebt haben. Dieser Schock sitzt tief. Was zum Beispiel Leonore Gewessler als Umweltministerin umsetzt, verdient höchsten Respekt. Du musst in Österreich, wo jedes Bundesland seine eigenen Regeln hat, erst einmal ein Klimaticket für das ganze Land zustande bringen. Das wird europaweit beachtet. Aber ich hatte auch meine Krisen mit den Grünen. Dass es nicht möglich war, 100 geflüchtete Kinder von der Insel Lesbos nach Österreich zu bringen, wenn Grüne in der Regierung sind, hat mich enttäuscht. Aktuell ist die Themenlage nicht leicht. Die Teuerung ist für die Grünen kein Bereich, in dem sie punkten können. Johannes Rauch als Sozial- und Gesundheitsminister bemüht sich zwar, das Sozialprofil der Grünen zu schärfen. Aber ob es den Grünen gelingt, als öko-soziale Partei Erfolge zu feiern, werden wir sehen.

Was ist aus den Grünen geworden, seit du sie vor 30 Jahren beim Kampf gegen die Ennsnahe-Trasse kennengelernt hast?

Die Grünen sind sehr pragmatisch geworden. Ich glaube, dass die Grünen sich schwer vorstellen können, wieder in die Oppositionsrolle zu wechseln. Wie schwer das ist, sehe ich an den Wiener Grünen, die fast nicht mehr vorhanden sind, seitdem sie nicht mehr mitregieren. Manchmal habe ich den Eindruck, dass die Grünen vor lauter Pragmatismus das große Ziel aus den Augen verlieren: einen nachhaltigen Gesellschaftsentwurf. Mir fehlt die große Erzählung, wo es hingehen soll. Mit dem aktuell plakatierten „Klimaglück" kann ich wenig anfangen.

Ich würde mir auch griffigere Bilder wünschen.

Es gibt momentan viele Krisen, für die Antworten gesucht werden. Wie nützen wir künstliche Intelligenz, wie wird die zukünftige Arbeitswelt aussehen, gerade an der Schnittstelle Beruf und Familie, welche Rolle spielt Europa in der Welt? Jetzt wäre auch der richtige Zeitpunkt, um über ein Grundeinkommen nachzudenken. Die Klimakrise wird uns ohnehin noch weiter beschäftigen. Diese Themen sind aufgelegt für die Grünen, die Partei hat sich aber selbst ins Rad des Pragmatismus eingespannt.

Wie siehst du deine Zeit als Politikerin: War es das wert?

Ich sehe das heute versöhnlich. Ich war 20 Jahre lang für die Grünen aktiv. Dafür habe ich es ganz gut überlebt. Politik ist ein unglaublich spannendes Magnetfeld, in dem man sich bewegt: schnell, abwechslungsreich, fordernd. In der Wirtschaft ist das ganz anders. Mir hat die Zeit in der Politik viel Freude gebracht, sie war aber auch zermürbend. Vor allem die Bösartigkeiten in den eigenen Reihen. Ich bin ein loyaler Mensch und habe nach außen immer alle verteidigt. Was ich am grünen Stil nicht mag, ist, dass wir nicht gut auf uns selbst aufpassen. Das ist schade, denn so viele Grüne sind wir ja nicht.

Eva Glawischnig (54) war von 1999 bis 2017 Abgeordnete der Grünen zum Nationalrat und von 2008 bis 2017 Bundessprecherin sowie Klubobfrau der Grünen. Von Oktober 2006 bis Oktober 2008 war sie Dritte Nationalratspräsidentin. Im Mai 2017 gab Glawischnig aus gesundheitlichen Gründen ihren Rücktritt bekannt. Von 2018 bis 2021 arbeitete sie für den Glücksspielkonzern Novomatic.

Kapitel VII

War es das wert?

Die Zukunft der Grünen und
ein Leben für die Politik

Im Leben ist es manchmal wie im Fußball. Kaum jemand hat das in Österreich besser beschrieben als Gerhard Roth: „Ich habe Matches gesehen, die wie das Leben waren, und begriffen, dass das Leben selbst tatsächlich ein Spiel ist und nicht, wie oft angenommen, eine mathematische Gleichung".[1] Der 2022 verstorbene Schriftsteller lebte viele Jahre im südsteirischen St. Ulrich in Greith, 20 Kilometer von meinem Heimatort entfernt. Seit seiner Kindheit verfolgte er die Spiele von Sturm Graz und wechselte trotz bitterer Niederlagen nie die Vereinsfarben. Manchmal verlierst du, obwohl du gut gespielt hast. Manchmal gewinnst du, obwohl der Gegner besser war. Einmal schießt du ein Eigentor, das nächste Mal bekommst du einen Elfmeter geschenkt. Wenn die andere Mannschaft zu mächtig ist, dann heißt es, die Köpfe nicht hängen lassen und beim nächsten Match besser machen. Nach dem Spiel ist vor dem Spiel. Der Spielausgang ist nicht immer fair, das trifft auch auf die Politik zu. Manchmal kommt man gegen die Themenlage nicht an und die eigene Partei kommt nicht aus der Defensive. Oder die Spitzenspieler:innen agieren innerhalb der Partei nicht gemeinsam und machen es den Gegner:innen leicht, Tore zu schießen. Und manchmal ist das Momentum einfach auf deiner Seite. Was die Politik ebenfalls mit dem Fußball verbindet, ist die Arbeit als Kollektiv. Wenn das Ziel klar ist, alle mit ihrer Rolle zurechtkommen und sich täglich an die Arbeit machen, dann wird das Team Erfolg haben – und das Publikum für sich gewinnen.

||| Die Welt als Wille und Widerstand

In der Politik geht es aber im Gegensatz zum Fußball nicht nur ums Gewinnen oder Verlieren. Es geht um die Chance auf ein gelungenes Leben, den Respekt vor den Anderen und den Schutz unserer Umwelt. Mit diesen Idealen sind wir Grüne vor 40 Jahren angetreten. Aber was macht einen Grünen eigentlich aus? Auch darauf lässt sich mit Gerhard Roth antworten: „Er ist treu, zugleich Realist und Träumer, verrückt und bodenständig."[2] Zwar hat Roth mit diesen Worten das Dasein als Fußballfan beschrieben. Für mich hätte er jedoch nicht besser ausdrücken können, was es heißt, ein Grüner oder eine Grüne zu sein. Seit vier Jahrzehnten pendeln die Grünen in Österreich zwischen Realismus und Träumerei, zwischen kleinen Fortschritten und dem Wunsch nach radikaler Veränderung, zwischen internen Streitereien und den richtigen Ideen für unsere Gesellschaft. Manchmal mag die Politik der Grünen verrückt wirken, manchmal zu bodenständig.

Wenn ich im Sommer 2023 auf unser Land blicke – 40 Jahre nach der Gründung der Grünen – zeigt sich mir ebenfalls ein Bild zwischen Träumerei und Realismus. Die Grünen sind in der Regierung und haben 26 von 183 Abgeordneten im Nationalrat, im Fußballnationalteam gibt mit David Olatukunbo Alaba ein Mann den Ton an, dessen Eltern aus Nigeria und von den Philippinen stammen, der Bundespräsident heißt Alexander Van der Bellen und war jahrelang Parteivorsitzender der Grünen, die Kärntnerin Carmen Possnig bereitet sich als erste österreichische Frau darauf vor, als Astronautin ins Weltall zu fliegen, die ÖBB bringen 33 neugestaltete Nachtzüge auf die Schiene, um das Reisen klimafreundlicher zu machen und die Mur ist nach Jahren der Revitalisierung ein aktiver Lebensraum für Mensch und Tier geworden. Ein halbes Leben nach der Gründung der Grünen sieht Österreich aus wie eine andere Welt: umweltbewusster, gleichberechtigter, vielfältiger und lebensfroher. Vieles von dem, was im Grazer Minoritensaal als Träumerei begann, ist Realität geworden.

Die Realität im Sommer 2023 ist jedoch auch, dass Jugendliche die Republik Österreich klagen, weil der Staat nicht in der Lage ist, sie vor den Folgen der Klimakrise zu schützen, die schwarzgrüne Bundesregierung auf EU-Ebene schärferen Asylgesetzen zustimmt, die FPÖ bei Wahlumfragen weit vor den Grünen auf Platz eins liegt, Wien in den nächsten Dekaden Sommer-Temperaturen wie in Südeuropa prognostiziert wird, Österreich mit 20 Prozent zu den EU-Ländern mit dem höchsten Gender-Pay-Gap gehört und in unserem Land rund 230.000 Menschen über 65 Jahre von Altersarmut betroffen sind. So sieht Österreich aus: ungerecht, klimaschädlich, apathisch und ausgrenzend. Mit diesem Wissen müsste ich allen, die in Graz an eine bessere Welt geglaubt haben, in die Vergangenheit zurufen: „Passt schon! Lassen wir es lieber bleiben."

I I I Wo sind die Bürgermeister:innen der Grünen?

Haben wir Grüne versagt? Sind wir daran gescheitert, nachhaltig etwas zu verändern? Haben wir nicht mehr erreicht, als grüne Farbtupfer zu hinterlassen? War es das wert? Die Streitereien, die Verletzungen, die Enttäuschungen? Hätte ich meine Lebenszeit lieber mit Schafehüten als mit Politik verbringen sollen? Was hat es gebracht, für den Einzug in das Parlament, für das Mitregieren in den Bundesländern und das Abmühen in der Regierung zu kämpfen?

Die strukturellen Machtverhältnisse haben wir kaum verändert. Am deutlichsten wird mir das, wenn ich auf eine Zahl schaue: In Österreich gibt es 1.872 Bürgermeister und 221 Bürgermeisterinnen. Nur vier von ihnen sind bei den Grünen. Zwei davon sind in Vorarlberg zuhause: Stefan Übelhör in Höchst und Frank Matt in Lochau. Einer in Tirol: Georg Willi ist Bürgermeister in Innsbruck. Das sind jene Bundesländer, in denen die Grünen bereits in ihrer Anfangszeit erfolgreich waren. Der vierte Grüne heißt Rudolf Hemetsberger und ist Bürgermeister der Gemeinde Attersee in Oberösterreich. Wir haben es so gut wie nicht geschafft, von den Bürger:innenbewegungen an die Spitze der lokalen Entscheidungsfindung zu kommen. Gleiches gilt für die großen Machtstrukturen der Zweiten Republik: Im Land der Kammern und Verbände halten Lobbys wie die Industriellenvereinigung, die Wirtschaftskammer oder die Landwirtschafskammer an ihrem Einfluss unnachgiebig fest. Möge die Welt rundherum noch so sehr bröckeln, die Interessensverbände haben keine Eile mit Veränderungen. Im Gegenteil. Dieses institutionalisierte Gebilde nachhaltig aufzubrechen, haben die Grünen nicht geschafft. Aber zumindest hat es Risse bekommen. Und durch diese Risse kommt Licht hindurch, frei nach Leonhard Cohen: „There is a crack, a crack in everything, that's how the light gets in."[3]

Was die Grünen jedoch geschafft haben, ist, sich als Partei zu etablieren. Das ist mehr als ein Riss im Asphalt, das gleicht einer Blumenwiese im Beton. Bei aller Kritik vergesse auch ich oft, dass die Grünen die einzige nachhaltig erfolgreiche Parteigründung in der Zweiten Republik sind. Einige andere haben es probiert. Kann sich noch jemand an die Piratenpartei erinnern? Ab dem Jahr 2010 haben junge Leute versucht, das Internet als Quelle der Demokratie, Bürger:innenbeteiligung und Transparenz in die politische Auseinandersetzung zu tragen. Für eine kurze Zeit sah es so aus, als ob die Piratenpartei die Mittel in der Hand hätte, um die komplexe Informationsgesellschaft zu durchschauen und die Zukunft voller Daten in gerechte Bahnen lenken zu können. In Graz und Innsbruck schafften es die „Piraten" sogar in den Gemeinderat. Auf Bundesebene hatten sie jedoch keinen Erfolg und schon bald war die Luft draußen. In Deutschland war die Piratenpartei kurzzeitig sogar noch erfolgreicher, schaffte es in mehrere Landesparlamente, bevor sie das gleiche Schicksal wie in Österreich ereilte. Für mich ist es auch kein Zufall, dass die wohl bekannteste deutsche „Piratin", Marina Weisband, mittlerweile bei den Grünen gelandet ist.

Im Gegensatz zu Deutschland hat sich in Österreich bislang auch keine neugegründete linke Partei etabliert. In Wien gibt es zwar seit dem Jahr 2020 mit LINKS eine linke Alternative, die bei der Gemeinderatswahl im Herbst 2020 in der Hauptstadt 2,06 Prozent und 23 Mandate in den Bezirken erreichen konnte. Landesweit ist aber keine neue linke Kraft in Sicht.

Nichts zu sehen ist auch vom Team Stronach. Im Jahr 2012 vom Unternehmer Frank Stronach gegründet, erreichte die Partei bei der Nationalratswahl 2013 auf Anhieb 5,7 Prozent. Über die Parteigründung sagte Stronach damals: „[...] Da bin ich sicher, das ist ein sehr wichtiger Tag, der in die Geschichte Österreichs eingehen wird und der auch in die Geschichte der Welt eingehen wird."[4] Fünf Jahre später löste sich die Partei auf.

Bleiben noch die Liberalen. Die Neos haben es seit ihrer Gründung im Jahr 2012 geschafft, ein ernstzunehmender Faktor in der österreichischen Politik zu werden. Wie nachhaltig diese Entwicklung ist, bleibt aber abzuwarten. Das Verfehlen des Einzugs in den Landtag bei den Wahlen in Kärnten und Salzburg im März bzw. April 2023 spricht dafür, dass die Euphorie der Anfangsphase vorbei ist. Den Neos könnte ein ähnliches Schicksal bevorstehen, wie dem Liberalen Forum, dem bereits wenige Jahre nach seiner Gründung im Jahr 1993 die Luft ausging und das sich schließlich 2014 in eine Fusion mit den Neos rettete.

Es ist ein Erfolg der Grünen, dass sie sich in den vergangenen 40 Jahren neben ÖVP, SPÖ und FPÖ als politische Kraft einen Platz in diesem Land erkämpft haben. Vieles, was die Grünen in Landesregierungen und Gemeinderäten erreicht haben, hat das Leben der Menschen besser gemacht. Das ist nicht selbstverständlich. Das wurde vielen Wähler:innen schmerzlich bewusst, als die Grünen zwei Jahre lang nicht im Nationalrat waren. Aber reicht es, dass die Grünen „eine stinknormale Partei" geworden sind, wie es die Politikwissenschaftlerin Kathrin Stainer-Hämmerle formuliert hat?[5] Von der Alternative, welche die Grünen immer noch im Parteinamen tragen, ist nicht mehr viel zu hören. Viel lieber sprechen die Grünen von Beständigkeit und feiern die Partei als stabilen Faktor in der Regierung. Intern mag das nach Professionalität klingen, nach außen wirkt es selbstzufrieden. Eine Grüne Partei, die nicht mehr als Alternative, sondern nur mehr als Teil der herrschenden Strukturen wahrgenommen wird, läuft Gefahr, sich im Anpassen an die Machtverhältnisse zu verlieren. Die Grünen müssen klar machen, für welche Alternative sie stehen: bei den fossilen Brennstoffen, bei den Arbeitszeitmodellen, bei der Kinderbetreuung, beim Verkehr, bei der Altersarmut, bei der Freunderlwirtschaft, bei Diskriminierung, bei der Lohngerechtigkeit oder bei der Versteuerung von Vermögen. Tun sie das klar, konsequent und verbindlich, dann werden sie in Zukunft bei Wahlen erfolgreich sein und gleichzeitig aufzeigen, wohin ein alternativer Weg mit ihnen führen kann. Die Zukunft ist oft mit zwei Gefühlen verbunden: Angst und Hoffnung. Die Angst, das ist das Geschäft der FPÖ. „Warum sollte man den Menschen vorsätzlich Angst machen wollen?", wurde Herbert Kickl kürzlich in einem Interview gefragt. Seine Antwort: „Weil Angst ein großer Hebel ist, um Leute zu einem erwünschten Verhalten zu bringen. Dahinter stecken auch Geschäftsmodelle."[6] Die Alternative dazu ist die Hoffnung. Das sollen die Grünen sein.

||| Wann, wenn nicht jetzt?

Der Zeitpunkt für eine Grüne Hoffnung, könnte nicht besser sein. Die ÖVP ist seit dem Absprung von Sebastian Kurz völlig desorientiert und kennt kein anderes Ziel als den Machterhalt. „Wann und wo genau verloren die ihre Würde? Als sie mit den Rechtsextremisten der FPÖ koalierten? Als jene türkise Gang, die Sebastian Kurz ins Kanzleramt schummelte, weder Umfragebetrug noch Medienkorruption scheute?", fragt Falter-Herausgeber Armin Thurnher in seinem Buch über eine Volkspartei, die keine Werte und keinen Genierer mehr kennt.[7] Ähnlich fällt auch die Einschätzung des Richters Oliver Scheiber aus, der in seinem Buch „Die Krise der Volkspartei" schreibt: „Die ÖVP vergab in den letzten Jahren alle Chancen, sich zu einer modernen, konservativen Sammelpartei zu entwickeln. Stattdessen schlug sie den Weg zu einer provinziellen rechtspopulistischen Bewegung ein."[8] Die ÖVP findet sich in der Welt des 21. Jahrhunderts nicht zurecht und streifte in fast 40 Jahren Regierungsverantwortung Stück für Stück ihr liberales, christlich-soziales und europaaffines Gewand ab.

Die Grünen müssen klar machen, dass sie die Alternative dazu sind.

Nicht viel anders, allerdings mit weniger Regierungsmacht ausgestattet, geht es der SPÖ. Die Sozialdemokratie hätte seit der Übernahme der Kanzlerschaft durch Sebastian Kurz im Jahr 2017 viel Zeit gehabt, sich den Fragen unserer Zeit zu widmen und neue Schlagkraft zu entwickeln. Das Gegenteil ist passiert und mit Andreas Babler hat die SPÖ den dritten Parteivorsitzenden innerhalb von sechs Jahren. Auf die Klimakrise hat die SPÖ keine Antwort, bei den Themen Arbeitszeitverkürzung, Vereinbarkeit von Beruf und Familie oder Asyl keine klare Position. Hans Rauscher, Kolumnist für den Standard, fasste den Zustand der Sozialdemokratie nach der chaotischen Wahl Bablers zum Parteichef im Juni 2023 wenig schmeichelhaft so zusammen: „Die SPÖ ist vorerst als ernstzunehmende politische Kraft in Österreich abgemeldet."[9]

Die Grünen müssen vermitteln, dass sie wissen, wohin der Weg führen soll.

Im Gegensatz zur SPÖ hat die FPÖ auf viele Fragen unserer Zeit eine Antwort parat. Doch lautet diese immer gleich: abschotten, dichtmachen, ausgrenzen. Diese Schlichtheit löst zwar keine Probleme – wie die Freiheitlichen in der Vergangenheit regelmäßig bewiesen haben. Trotzdem hat es die FPÖ mit ihrer Politik des Dagegenseins geschafft, sich vom Ibiza-Skandal und der Wahlschlappe im Jahr 2019 zu erholen. Mehr noch: Ein Jahr vor der nächsten Nationalratswahl liegen die Freiheitlichen bei Umfragen auf dem ersten Platz. FPÖ-Parteichef Herbert Kickl würde gerne „freiheitlicher Volkskanzler" werden und bezeichnet nachhaltige Ökopolitik als „Klimakommunismus".[10] Sollte die FPÖ tatsächlich erstmals in das Bundeskanzleramt einziehen, schafft sie das nur mit Hilfe der ÖVP. Aber die Volkspartei hat in der Vergangenheit gezeigt, dass ihr Kompass am Ende stets in eine Richtung zeigt: zum Machterhalt. Mit einem Bundeskanzler Kickl würde Österreich so weit rechts rücken wie noch nie in der Zweiten Republik.

Die Grünen müssen für eine vielfältige und solidarische Republik kämpfen.

||| Der Mut der Verletzlichen

Dazu braucht es Mut. Die amerikanische Professorin für Sozialarbeit, Brené Brown, hat sich in ihren Studien und Büchern intensiv damit auseinandergesetzt, wie wir es schaffen, in einer ungerechten und boshaften Welt mutig zu sein. Wie es uns gelingt, dass wir uns trotz Enttäuschungen nicht ängstlich zurückziehen, sondern offen, hoffnungsvoll und auch verletzlich bleiben. Laut ihrer jahrelangen Forschung brauchen wir dafür: „strong back, soft front, wild heart".[11] Gemeint ist damit, dass wir zu unseren Überzeugungen stehen und klare Grenzen ziehen müssen, wenn sie missachtet werden („strong back"). Dieses starke Rückgrat ermöglicht uns gleichzeitig, offen für andere Menschen, empathisch und versöhnlich zu sein („soft front"). Mit dem wilden Herzen können wir uns auf die Widersprüche des Lebens einlassen: bestimmt und feinfühlig, euphorisch und unsicher, mutig und ängstlich, verbittert und großzügig sein. All das ist Teil unseres Lebens und Tuns. Bei allen Verletzungen, Enttäuschungen und Misserfolgen sollten wir uns nicht verstecken, sondern immer wieder hinausgehen in die Welt und versuchen, sie besser zu machen. Für die Politik mag das naiv klingen. Aber mir ist es lieber, ein wenig naiv zu sein als zynisch. Denn ich bin in die Politik gegangen, um die Welt zu verändern. Dafür haben wir die Grünen gegründet. Dafür sollten die Grünen kämpfen. Dann werden sie auch in Zukunft ihren Platz haben – nicht nur am Wahlzettel, sondern auch in den Herzen der Menschen.

Wenn ich als letzter der ersten acht Abgeordneten der Grünen im Parlament auf die heute aktiven Grünen in den Landtagen, im Nationalrat oder in der Regierung blicke, sehe ich Mut und Grund zur Hoffnung. Ich sehe junge Abgeordnete wie Nina Tomaselli, die im Korruptions-Untersuchungsausschuss der ÖVP klar gemacht hat, dass Machtmissbrauch nicht toleriert wird.

Ich verfolge, wie Lukas Hammer als Klimasprecher ernsthaft versucht, die Energiewende im Parlament umzusetzen. Oder wie Justizministerin Alma Zadić konsequent daran arbeitet, die Justiz zu modernisieren. Der Einsatz dieser jungen Grünen-Generation stimmt mich zuversichtlich. Auf der anderen Seite merke ich, dass die neue Generation von Umweltaktivist:innen ihre Zukunft kaum bei den Grünen sieht. Das zeigt sich daran, dass sich die Grünen bei Wahlen immer schwerer tun, die Jugend für sich zu gewinnen. Das zeigt sich in der Enttäuschung, die Gruppen wie Fridays for Future oder die Letzte Generation gegenüber den Grünen ausdrücken. Das tut weh. Denn die Grünen brauchen für die Zukunft ein Fundament aus engagierten, wilden und mutigen jungen Menschen.

||| Doppeltes Fundament: Die Jugend und die Grünen

Die Innsbrucker Soziologin Reingard Spannring hat untersucht, wie die Klimakrise die Jugend prägt. Einerseits spüren die Jugendlichen diffuse Ängste und Unsicherheiten, andererseits sind sie bereit, sich zu engagieren wie kaum eine Generation vor ihnen. Die Jungen verzichten öfter als ältere Menschen auf manche Gewohnheiten wie Flugreisen, Fleisch oder Autos. Trotzdem fühlen sie sich ohnmächtig, „weil sie wissen, dass sie alleine mit ihrem Verhalten das Problem nicht lösen können, sondern dass es globale Lösungen und Veränderungen braucht", so Spannring.[12] Optimismus, meint die Forscherin, gebe es bei der Jugend sehr wohl. Die Gesellschaft sollte den jungen Menschen dafür aber zumindest ein Fundament legen. Es liegt an den Grünen, mutig zu sein und dieses Fundament zu schaffen. Das gelingt, wenn sie sich nicht in Streitigkeiten, Machtspielen und Sackgassen verrennen. Uns „Alten" ist das in 40 Jahren zu oft nicht gelungen. Die Gefahr allerdings, sich im Alltag der Macht und im Rad des Pragmatismus zu verlieren, ist für die Grünen im Jahr 2023 hoch.

Manchmal ist es aber auch mutiger und klüger, loszulassen. Vor allem dann, wenn die Anstrengung und der Kampf einem nicht mehr gut tun. Das habe ich selbst am eigenen Körper erfahren. Für mich war Politik kein schlichter Beruf. Politik hat für mich immer bedeutet, zu versuchen, das eigene Leben in die Hand zu nehmen, sich als Teil einer Gemeinschaft zu sehen, so zu handeln, dass auch meine Mitmenschen ihre Möglichkeiten bekommen und darauf zu achten, dass wir die Umwelt in einem lebenswerten Zustand hinterlassen. Das ist mir nicht immer gelungen. Trotzdem war es eine schöne Aufgabe. Dabei habe ich manchmal übersehen, dass mir selbst die Kraft ausgeht. Aber das politische Geschäft dreht sich weiter, junge Abgeordnete stehen in den Startlöchern, die Parteiführung setzt neue Prioritäten, die Medien widmen sich dem nächsten Thema. So ist es auch mir gegen Ende meiner aktiven Laufbahn im Parlament gegangen, als mich eine Autoimmunkrankheit dazu gebracht hat, über mein Leben in der Politik nachzudenken. Nach all den Jahren war ich körperlich zu erschöpft, um meinen neuen Platz inmitten der Veränderung zu finden. Die fehlende Kraft hat dazu geführt, dass ich ungeduldig und manchmal auch ungerecht wurde. Ich tat mir schwer damit, loszulassen. Es war auch nicht leicht, Abschied zu nehmen von etwas, das ich selbst mitaufgebaut hatte und das mir sehr am Herzen lag. Es ist eine große Kunst, zum richtigen Zeitpunkt loszulassen. Aber schaffst du es nicht, tun es andere für dich oder dein Körper zeigt dir, dass es Zeit für Veränderung ist. Vielleicht gibt es die Möglichkeit, eine andere Rolle zu übernehmen oder später wieder einzusteigen. Aber den Zeitpunkt für Veränderung sollte man nicht verpassen. Ansonsten geht dir die Puste aus. Daran sollten auch die Grünen denken, wenn es um ihre eigene Kraft in der Regierung und ihre Zukunft geht.

War es das also wert? Als ich im Frühling 2023 für die Arbeit an diesem Buch in Wien war, bin ich an einem Sonntag früh aus dem Haus, um bei der Bäckerin mein Frühstück einzukaufen. Am Weg zurück fuhr ein junger Mann auf einem Fahrrad, auf dessen Gepäcksträger eine Fahne wehte. Darauf war ein Frosch zu sehen, daneben stand der Spruch: „Lobau bleibt!". Beim Protest gegen die Lobau-Autobahn wurde der Frosch zum Symbol des Widerstands so wie vor 50 Jahren die lachende Sonne zum Symbol gegen die Atomkraft wurde. Ich habe dem jungen Mann kurz hinterhergesehen, dann war er mit seinem Rad verschwunden. Danach gefragt, welche Partei er am besten fände, hätte er mir – trotz aller Schwierigkeiten – vielleicht gesagt: „Die Grünen." Zumindest male ich mir das in meinen Gedanken so aus. Dann wäre ich munter weiterspaziert, hätte mein Frühstück genossen und mir gedacht: Die Fahne wird weitergetragen. Es war nicht alles umsonst. Ein Leben – zwischen Träumerei und Realität.

„Nicht sicher, ob Regierung mehr bringt als Opposition"
Gespräch mit Werner Kogler

Werner Kogler kennt die Grünen seit ihren Anfängen und hat sie nach fast 40 Jahren erstmals in eine Regierung geführt. Als Vizekanzler steht er regelmäßig in der Kritik, die grünen Ideale für die Macht eingetauscht zu haben. Ich wollte von ihm wissen, ob der Preis für das Regieren nicht zu hoch ist und wie die Zukunft der Grünen aussehen soll.

Von allen Gesprächspartner:innen, die ich für meine Spurensuche getroffen habe, kenne ich Werner Kogler am längsten. Das erste Mal sind wir uns Anfang der 1980er-Jahre bei Treffen der Grün-Alternativen in Graz begegnet. Einige Jahre später, ich saß bereits für die Grünen im Nationalrat, haben wir uns bei Protestaktionen immer wieder Seite an Seite gefunden – uns gegenüber nicht selten die Polizei. Mitte der 1990er-Jahre habe ich Werner gefragt, ob er mich als Mitarbeiter im Rechnungshofausschuss des Nationalrats unterstützen möchte. Als studierter Ökonom, der gut in den Bürger:inneninitiativen vernetzt war, verstand er immer, was den Kern der Grünen-Bewegung ausmacht. In den Auseinandersetzungen war Werner nicht zimperlich, respektierte aber auch andere Standpunkte. Das half ihm dabei, mit allen gut auszukommen. Dieser Charakterzug brachte ihm aber auch die Kritik ein, bei Entscheidungen zögerlich zu sein. Ich habe mich sehr darauf gefreut, mit Werner über 40 Jahre Grünen-Bewegung zu sprechen. Ich wollte von ihm wissen, was er zur Kritik an seiner Regierungsarbeit sagt und wohin die Reise der Grünen gehen soll.

Du bist Anfang der 1980er-Jahre als Student nach Graz gekommen und warst bei der Gründung der „Alternativen Liste Graz" dabei. Wie bist du da reingekommen?
Graz war damals ein idealer Boden für alle, die eine andere Welt wollten. Da gab es von bürgerlich über katholisch bis links viele alternative Strömungen. Ich bin über meine Gegnerschaft zur Atomkraft in dieses Milieu gekommen, obwohl ich als 17-Jähriger noch dafür war. Aber die beiden Großparteien haben sich rund um die Abstimmung gegen Zwentendorf im Jahr 1978 so deppert benommen, dass ich die Seiten gewechselt habe. Die SPÖ war kompromisslos für die Atomkraft

und die ÖVP wusste nicht, ob sie dafür oder dagegen sein soll. So bin ich bei den Alternativen gelandet.

Die „Dezentrale für Alternativen" am Grazer Färberplatz war damals der Treffpunkt schlechthin. Wie waren diese Zusammenkünfte?
Als ich das erste Mal in die „Dezentrale" bin, wurden gerade die Wände und Heizkörper gestrichen. Das war alles sehr frisch und alle möglichen Initiativen haben sich getroffen: die Friedensbewegung, Atomkraftgegner:innen, Dritte-Welt-Initiativen, Frauengruppen, die Kapitalismuskritiker:innen, Umweltschützer:innen. Ich habe mir das angeschaut und mich an den Diskussionen beteiligt. Aus diesem Gemisch haben wir 1981 die „Alternative Liste Graz" und ein Jahr später in Graz die „Alternative Liste Österreich" gegründet. Die grün-alternativen Listen haben damals die richtigen Fragen gestellt und erkannt, dass alles mit der Umwelt zusammenhängt. Es gibt ein Foto aus der Anfangszeit auf dem einige von uns oben sind und ein Transparent halten auf dem steht: „Menschen statt Autos – Wir mischen uns jetzt ein". Die Slogans von damals gelten auch heute noch.

Diesen Slogan rufen heute die Jungen, weil sie von euch in der Regierung mehr Engagement für den Klimaschutz fordern. Wie war es für dich, 40 Jahre später Vizekanzler zu werden?
Es war nie mein Ziel, Vizekanzler zu werden. Zugetraut habe ich es mir aber schon. Nach der Wahl im Jahr 2019 war klar, dass wir diese historische Situation nützen müssen und wir haben uns für die Regierungsbeteiligung entschieden. Augenzwinkernd ist anzumerken, dass es die räumliche Situation betreffend nicht unbedingt ein Aufstieg war. Mein Büro ist im Ministeriumsgebäude am Donaukanal. Genau dort ist der Ausgangspunkt für die „Vienna Ugly Tour" – eine Stadtführung, die sich den hässlichsten Gebäuden der Stadt widmet. Dagegen war der Altbau der „Dezentrale" ein Schmuckstück.

Bevor wir zur aktuell kritischen Stimmung gegenüber den Grünen kommen, interessiert mich, wie du den Rauswurf aus dem Nationalrat im Jahr 2017 erlebt hast.
Das ist eigentlich banal zu erklären. Intern gab es Streitereien und keine einheitliche Linie, die Partei war finanziell am Boden, die Themenlage war für die Grünen nicht sehr günstig und nach der Abspaltung von Peter Pilz haben die Medien und

die anderen Parteien wieder das alte Muster bedient, dass wir Grüne nur mit uns selbst beschäftigt wären.

Wir sind ins offene Messer gelaufen.
In diesem Fall haben wir das Messer aber auch selbst aufgestellt.

Haben die Grünen inhaltlich zu wenig angeboten?
Es gab den Versuch, sich auf wenige Felder zu beschränken. Aber ich tue mir schwer mit der Behauptung, dass es eine inhaltliche Verengung gab. Vielleicht in dem Sinne, dass die Parteispitze sich gefragt hat, bei welchen Themen es sich auszahlt, etwas zu sagen und sich das auch traut. Zum Beispiel beim Thema Migration und Integration. Heute würde man sagen: Was sind unsere Hauptbotschaften? Ich bin auch nicht so gut geeignet dafür, weil ich – wie du weißt – gerne viel und ausführlich über Themen rede. Aber ich habe auch gelernt, dass es niemanden interessiert, wenn du dich 15 Jahre im Rechnungshofausschuss abrackerst, wenn du keinen Skandal aufdeckst. So funktioniert unsere Mediendemokratie und mit den sozialen Netzwerken ist es noch schlimmer geworden.

Du hast nach dem Rauswurf den Wiederaufbau übernommen. Wie war das?
Zunächst ging es darum, den Konkurs abzuwenden. Unserem Finanzreferenten sind zwischendurch schon die Nerven geflattert. Mir war aber klar, dass es eine Nachfrage nach Grünen Ideen gibt. Ein Monat nach dem Rauswurf bin ich auf Tour gegangen und habe Zukunftskongresse veranstaltet, um die Menschen für uns zu gewinnen. Bei einer Veranstaltung in Floridsdorf wollten 1500 Leute dabei sein, wir konnten uns aber nur eine Halle für 700 leisten. So schlecht waren wir finanziell beisammen, so groß war die Nachfrage. Ich wollte, dass wir nicht nur als Partei für Rand- und Minderheitenthemen wahrgenommen werden, sondern dass wir uns trauen, unsere Überzeugungen als mehrheitstauglich zu präsentieren. Klar, die Grünen stehen für die LGTBQIA-Community, für Menschenrechte, für soziale Gerechtigkeit, für leistbares Wohnen, für den öffentlichen Verkehr. Aber unsere Politik, wofür wir stehen, ist mehr als die Summe dieser einzelnen Bereiche. Bei den Grünen geht es um alle und alles. Diese Geschichte wollte ich erzählen – verständlich und ohne besserwisserisch zu sein.

Dabei haben dir Bewegungen wie Fridays for Future geholfen.
Da hast du recht. Die wurden aber erst im Frühling 2019 zu einer relevanten Bewegung. Die eineinhalb Jahre dazwischen haben wir die Grünen am Leben gehalten und als Bündnispartei neu aufgestellt.

Genau diese Bündnisse sind mittlerweile enttäuscht von den Grünen. Fridays for Future attestiert euch mangelnde Regierungskompetenz und wirft den Grünen vor, beim Klimaschutzgesetz eingeknickt zu sein.
Wie sehr jemand enttäuscht oder begeistert ist, liegt sicherlich auch daran, ob jemand bereit ist, auf das große Ganze zu schauen oder ob er nur einen kleinen Ausschnitt sieht. Manche Klimabewegte, die – irrtümlich – glauben, das Klimaschutzgesetz sei das Wichtigste auf der Welt, sind sicher enttäuscht. Andere, die genauer hinschauen, werden sehen, dass sich während unserer Zeit in der Regierung viel zum Positiven verändert hat. Wir haben das Erneuerbare-Wärme-Gesetz beschlossen, das Erneuerbaren-Ausbau-Gesetz, das Klimaticket umgesetzt, die Photovoltaik massiv nach oben geschraubt und so weiter.

Ich verstehe, dass du eure Erfolge verkaufen willst. Es schaut halt nicht gut aus für die Grünen, wenn ein Gesetz, das Klimaschutzgesetz heißt und angekündigt wurde, nicht kommt, wenn ihr in der Regierung sitzt.
Ich halte das für kleinkariert. Die Grundlage unseres Handelns kann nicht sein, niemanden zu enttäuschen, sondern das Bestmögliche zu machen. So ein Klimaschutzgesetz, wie wir es uns vorstellen, gibt es nirgends in Europa. Schau doch mal, was in Deutschland unter einer rot-grün-gelben Regierung in Verkehrsfragen passiert: null, nada, niente. Währenddessen werden in Österreich viele Milliarden vom Straßenausbau in Richtung Schiene transferiert und dabei heftige Konflikte ausgefochten wie in der Lobau. Das blieb hier jetzt unerwähnt, hat aber großen Einfluss darauf, wie die Wirklichkeit gestaltet wird.

Das ist anerkennenswert. Aber warum wehrt sich die ÖVP so stark gegen das Klimaschutzgesetz? Weil es an die Substanz geht und den rechtlichen Rahmen für künftige Regierungen festlegt. Die ÖVP erklärt seit Jahrzehnten, dass sie die Zeichen der Zeit verstanden hat. Festgenagelt werden will sie jedoch nicht.
Das Klimaschutzgesetz ist ja noch in der Schwebe. Ich habe aber den Eindruck, dass in der Politik mittlerweile nicht mehr das Erreichte zählt, sondern das Erzähl-

te reichen soll. Und Regieren ist etwas anderes, als eine schöne Geschichte zu erzählen. Es gibt in der Politik gewisse historische Momente, die entscheidend sind. In unserem Fall: Es macht einen Unterschied, ob ich eine türkis-blaue Regierung habe oder eine türkis-grüne. Daher war es die richtige Entscheidung, zu regieren. Natürlich ist parteipolitisch nicht immer sicher, was mehr bringt: Regierung oder Opposition.

Aber es sollte einen Unterschied machen, ob es einen blauen oder grünen Vizekanzler gibt. Du hast die Bühne, um Visionen und Bilder für dieses Land zu zeichnen, die Hoffnung wecken sollen. Ihr unterschätzt, wie wichtig es wäre, den Leuten zu erklären, was ihr vorhabt und wie ihr euch das vorstellt.
Das tun wir schon. Aber die grüne Vision wird sicherlich noch mehr präsentiert werden. Entweder wird es zum Beispiel ein Klimaschutzgesetz mit der ÖVP geben oder es wird eine große Auseinandersetzung bei der nächsten Wahl dazu geben. Mein ethischer Kompass ist danach ausgerichtet, was die Möglichkeiten in dieser historischen Situation sind. Daran gemessen kommen wir sehr weit. Die Grünen können nicht nur sich selbst sehen. Wir müssen auch unsere Umgebung und die Welt sehen. Denn um diese geht es schließlich.

Du kennst die Bewegung seit 40 Jahren, die Grünen haben ausgezeichnete Ideen, um die Klimakrise anzugehen, euer Regierungsteam ist sehr kompetent. Ihr müsst klarmachen, woran es scheitert und wer blockiert. Dann ist es auch möglich, als Regierungspartei seinen Werten treu zu bleiben und bei den nächsten Wahlen zu gewinnen.
Von außen schaut das immer einfacher aus. Ich habe das bei mir selbst erlebt, als Grüne in den Landesregierungen Politik gemacht haben und ich die Kommunikation kritisiert habe. Wir in Österreich werden die Welt aber nicht alleine retten. Wir haben uns das Ziel gesetzt, bis 2040 klimaneutral zu sein. Auf dieses Ziel ist alles hinzuhämmern, dafür brauchen wir Verbündete in den NGOs, in den Unternehmen, in den Bewegungen und eben auch in den anderen politischen Parteien. Ich gebe dir mit der VÖEST ein Beispiel. Der Protest gegen die Luftverschmutzung durch die VÖEST war eines der ersten Anliegen der Grünen-Bewegung. 40 Jahre später will ich nicht, dass die VÖEST zukünftig in einem anderen Land produziert, sondern hier in Österreich. Aber das soll und wird sie CO_2-neutral tun. Das ist eine Riesenaufgabe – und wir bringen sie voran. In vielen Schlüsselbereichen – der

Elektromobilität, der Umwelttechnologie, der Öko-Industrie – kommen große Entscheidungen auf uns zu, die Wertschöpfung und viele Arbeitsplätze betreffen. Da geht es um jene „Verantwortung für Österreich", von der wir seit Regierungseintritt sprechen. Wir schauen nicht nur auf eine Gruppe, sondern auf das Ganze.

Trotzdem frage ich mich, warum die Grünen im Jahr 2023 drauf und dran sind, die Jugend zu verlieren. Früher war das unser Fundament.
Unsere Abgeordneten im Parlament und in den Landtagen haben rege Kontakte und Verbindungen zu den Jungen. Aber die Grünen sind eine Bewegung und eine Partei, unsere realpolitische Rolle liegt darin, innerhalb der Rahmenbedingungen für Verbesserungen zu sorgen.

Was sollen die Grünen der Zukunft für dich sein?
Die Grünen dürfen kein Nischen-Tandler sein. Wir müssen mehr sein als eine Öko-partei. Wir müssen uns um das ganze Sortiment kümmern und gleichzeitig als Bündnispartei agieren. Denn das Ökologische ist nicht denkbar ohne das Öko-nomische und das Soziale. Dafür brauchen wir eine Mischung aus radikal und real. Radikal in den Visionen, in den Ideen, in der Mission. Realistisch in der Gestaltung und in der Tat mit einem unbändigen Umsetzungswillen. Das muss nicht nur heißen, Teil einer Regierung zu ein. Das geht auch von außerhalb. Das haben wir vor 40 Jahren in Hainburg und Zwentendorf gesehen.

In knapp zehn Jahren feiern die Grünen ihr 50-jähriges Gründungs-jubiläum. Wer weiß, ob ich da noch am Leben bin und ob du noch Vizekanzler bist. Wie sieht die Welt aus, wenn wir uns bei dieser Feier wiedertreffen?
Du möchtest von mir eine Prognose für die Zukunft? Wenn mir jemand vor ein paar Jahren gesagt hätte, dass wir aus dem Parlament fliegen, kurz darauf die türkis-blaue Regierung implodiert, wir mit Rekordergebnis wieder einziehen und uns sogar in die Regierung verhandeln, ich hätte es nie und nimmer geglaubt. Du weißt einfach nie, was passiert. Wir leben in sehr unruhigen Zeiten mit vielen Umbrüchen. Aus der Geschichte wissen wir, dass solche volatilen Zustände tendenziell in keine gute Richtung gehen. Was ich aber mit Sicherheit sagen kann, ist, dass wir Grüne auch in zehn Jahren für die gleichen Werte eintreten werden, wie bei der Gründung. Ob es was gebracht haben wird, werden wir sehen.

Werner Kogler (61) ist seit Jänner 2020 Vizekanzler sowie Bundesminister für Kunst, Kultur, öffentlichen Dienst und Sport. Von 1999 bis 2017 war er Nationalratsabgeordneter. Nachdem die Grünen den Einzug nicht mehr geschafft hatten, wurde er 2018 Bundessprecher der Grünen und 2019 Spitzenkandidat bei der Nationalratswahl. Kogler war Mitbegründer der „Alternativen Liste Graz" (1981) sowie der „Alternativen Liste Österreich" (1982) und saß von 1986 bis 1988 für die Grünen im Grazer Gemeinderat.

||| Danksagung

Ein Buch ist – so wie fast alles im Leben – eine Gemeinschafts-
arbeit. Unser Dank gilt daher Stefanie Jaksch, die von unserer
Spurensuche überzeugt war und uns zum Verlag Kremayr &
Scheriau geholt hat. Sonja Franzke, die umsichtig und mit dem
nötigen Humor die Produktion unseres Buches begleitet hat.
Unserer Lektorin Clara Schermer, die der Spurensuche mit
ihren klugen Anmerkungen Fokus gegeben hat. Sowie Ursula
Rinderer, Katharina Hofbauer und Barbara Brunner, die sich
tatkräftig um die Verbreitung gekümmert haben.

Ich, Andreas Wabl, möchte mich außerdem bei meiner Familie,
meinen Freund:innen und Kampfgefährt:innen bedanken. Die
meisten von euch begleiten mich schon länger, als es die Grünen
gibt. Diejenigen unter euch, die für die grüne Idee Großartiges
geleistet haben und in dieser Spurensuche nicht ausreichend
gewürdigt werden, mögen bitte großzügig darüber hinweg-
sehen.

Und ich, Stephan Wabl, bedanke mich bei meiner Partnerin Anja
Stegmaier für das sorgsame Lesen des Manuskripts sowie bei
unserer Tochter. Als ich mit dem Aufschreiben dieser Geschichte im November 2022 begonnen habe, war Toni zehn Monate alt.
Dementsprechend kurz waren die Nächte. Ohne unsere täglichen, morgendlichen Runden durch den Schlosspark Schön-
brunn hätte ich das Schreiben jedoch sicherlich nicht hin-
bekommen. Dieses Buch ist für dich und deine Zukunft.

Quellenangaben

I I I Vorwort

1   ORF-Pressestunde, 25. März 1990,
    https://www.youtube.com/watch?v=o5QFaWbbqhc (20.06.2023)

I I I Kapitel I

1   „Friedensmarsch in Wien [Ausschnitte]", Regie: Said Manafi, Video des
    Vereins „Künstler für den Frieden", 7:05 Minuten, Wien, 15.05.1982.
    Österreichische Mediathek Audiovisuelles Archiv Technisches Mu-
    seum Wien, Signatur vx-04030_b02_k02. https://www.mediathek.at/
    atom/1366A653-19C-001B4-000009A8-1365B4C

2   Ad Zwentendorf siehe: Heimo Halbrainer, Elke Murlasits, Sigrid Schön-
    felder (Hrsg.): Kein Kernkraftwerk in Zwentendorf! 30 Jahre danach,
    Bibliothek der Provinz, 2008.

3   Alternative Liste Graz: „Wer sind wir?" Folder zur Gemeinderatswahl 1983.
    https://freda.at/wp-content/uploads/305-alternative-liste-graz-wer-
    sind-wir.pdf

4   profil.at, 03.04.2020
    https://www.profil.at/oesterreich/rudolf-anschober-portraet-11382583

5   Franz Merli, Meinrad Handstanger: Die Alternative Liste Graz als Er-
    weiterung des kommunalpolitischen Systems; In: Österreichisches Jahr-
    buch für Politik 1983, Hrsg. Andreas Khol/Alfred Stirnemann, Verlag für
    Geschichte und Politik, 1984, S. 298.

6   Franz Schandl, Gerhard Schattauer: Die Grünen in Österreich – Entwick-
    lung und Konsolidierung einer politischen Kraft, Promedia, 1996, S. 131.

7   profil, 4/1983, 24.1.1983, S. 16.

8   Fritz Plasser: Die unsichtbare Fraktion – Struktur und Profil der Grün-
    Alternativen in Österreich; In: Österreichisches Jahrbuch für Politik
    1984, Hrsg. Andreas Khol/Alfred Stirnemann, Verlag für Geschichte und
    Politik, 1985, S. 133.

9   Erich Kitzmüller: Wo entsteht die Grüne Partei in Österreich? Versuch
    einer Zwischenbilanz nach zwei Jahren; In: Alternativrundbrief, Nr. 100,
    Oktober 1984, S. 2.

10 Ad Hainburg siehe u. a.: Dokumentarfilm „Hainburg 84 – Eine Bewegung
    setzt sich durch", produziert von Oekonews 2017, Kurzversion aus-
    gestrahlt auf ORF III am 25.03.2017.

11 nachrichten.at, 12.12.2009
    https://www.nachrichten.at/oberoesterreich/Auf-den-Spuren-der-Au-
    Besetzer-in-Hainburg;art4,307547

12 profil, 26/1985, 24.06.1985, S. 18f.

13 profil, 39/1986, 22.09.1986, S. 20.

14 Salzburger Nachrichten, 09.10.1986, S. 2.

15 Für eine umfassende Darstellung der Turbulenzen rund um die Wiener Versammlung siehe Franz Schandl, Gerhard Schattauer: Die Grünen in Österreich – Entwicklung und Konsolidierung einer politischen Kraft, Promedia, 1996, S. 209ff.

I I I Kapitel II

1   profil, 44/1989, 30.10.1989, S. 30–31.

2   Ad Affäre um Kurt Waldheim siehe: Dokumentarfilm „Waldheims Walzer", Regie: Ruth Beckermann, 2018.

3   Franz Schandl, Gerhard Schattauer, Die Grünen in Österreich – Entwicklung und Konsolidierung einer politischen Kraft, Promedia, 1996, S. 223.

4   profil, 47/1988, 21.11.1988, S. 30–31.

5   profil, 49/1987, 07.12.1987, S. 36f.

6   profil, 47/1988, 21.11.1988, S. 32–33.

7   Sonja Puntscher Riekmann: Die Grüne Alternative; In: Politik in Österreich. Die Zweite Republik: Bestand und Wandel, Hrsg. Wolfgang Mantl, Böhlau, 1992, S. 425.

8   profil, 47/1988, 21.11.1988, S. 32–33.

9   profil, 44/1988, 31.10.1988, S. 26.

10 profil, 16/1990, 17.04.1990, S. 22.

11 Zum Fall Lucona siehe: Hans Pretterebner: Der Fall Lucona. Ost-Spionage, Korruption und Mord im Dunstkreis der Regierungsspitze, Eigenverlag, 1987. Sowie: Hans Pretterebner: Das Netzwerk der Macht. Anatomie der Bewältigung eines Skandals, Eigenverlag, 1993.

12 Mehr zum Protest gegen die Ennsnahe-Trasse unter: https://freda.at/gruenes-gedaechtnis/buergerbeteiligung-ennsnahe-trasse/ (19.06.2023).

13 Der Standard, 16.11.1996, S. 6.

14 Robert Kriechbaumer: Nur ein Zwischenspiel – Die Geschichte der Grünen in Österreich von den Anfängen bis 2017, Böhlau Verlag 2018, S. 171.

15 Madeleine Petrovic: Das grüne Projekt. Zwischen Ernüchterung und Hoffnung, Holzhausen, 1994, S. 126ff.

16 Ebd. S. 122ff.

17 Der Standard, 16.11.1996, S. 6.

18 Die Presse, 20.10.1997, S. 6.

19 Kurier, 28.10.1997, S. 3.

I I I Kapitel III

1   diepresse.com, 11.08.2010, https://www.diepresse.com/586980/spaltung-gruener-alptraum-in-wien-josefstadt

2   derstandard.at, 30.03.2017,
    https://www.derstandard.at/story/2000055110108/junge-gruene-ent-
    schuldigen-sich-bei-eva-glawischnig
3   Vienna Online, 25.07.2017, https://www.vienna.at/pilz-mit-eigener-
    liste-erste-spaltung-der-gruenen-nach-31-jahren/5387099
4   kleinezeitung.at, 22.08.2021, https://www.kleinezeitung.at/politik/
    innenpolitik/6024050/Wegen-Koalition_Ehemalige-Wiener-Gruenen-
    Chefin-Hebein-tritt-aus
5   kurier.at, 23.08.2023, https://kurier.at/podcasts/daily/zersprengt-es-
    jetzt-die-gruenen/ 401480998
6   orf.at, 24.11.2022, https://orf.at/stories/3295097/
7   kaernten.orf.at, 12.05.2023, https://kaernten.orf.at/stories/3207039/
8   Nach der Wahl 2002 zogen für die Grünen in den Nationalrat ein:
    Alexander Van der Bellen (Klubobmann), Eva Glawischnig (Stv. Klubobfrau),
    Karl Öllinger (Stv. Klubobmann), Dieter Brosz, Kurt Grünewald, Theresia
    Haidlmayr, Werner Kogler, Eva Lichtenberger, Ulrike Lunacek, Sabine
    Mandak, Gabriela Moser, Madeleine Petrovic, Peter Pilz, Wolfgang Pir-
    klhuber, Heidemarie Rest-Hinterseer, Michaela Sburny, Terezija Stoisits
9   Nach der Wahl 2006 zogen für die Grünen in den Nationalrat ein:
    Alexander Van der Bellen (Klubobmann), Eva Glawischnig (Stv. Klubobfrau),
    Karl Öllinger (Stv. Klubobmann), Dieter Brosz, Kurt Grünewald, Theresia
    Haidlmayr, Bettina Hradecsni, Werner Kogler, Ruberta Lichtenecker,
    Ulrike Lunacek, Sabine Mandak, Gabriela Moser, Peter Pilz, Wolfgang Pir-
    klhuber, Bruno Rossmann, Michaela Sburny, Birgit Schatz, Terezija Stoisits,
    Brigid Weinzinger, Wolfgang Zinggl, Barbara Zwerschitz
10 Nach der Wahl 2008 zogen für die Grünen in den Nationalrat ein:
    Eva Glawischnig (Klubobfrau), Werner Kogler (Stv. Klubobmann), Dieter
    Brosz, Christiane Brunner, Kurt Grünewald, Alev Korun, Ruperta Licht-
    enecker, Ulrike Lunacek, Gabriela Moser, Daniela Musiol, Karl Öllinger,
    Peter Pilz, Wolfgang Pirklhuber, Birgit Schatz, Judith Schwentner, Albert
    Steinhauser, Alexander Van der Bellen, Harald Walser, Tanja Windbüchler-
    Souschill, Wolfgang Zinggl
11 diepresse.com, 14.05.2016,
    https://www.diepresse.com/4988904/wie-links-ist-van-der-bellen
12 Ebd.
13 Christian Neuwirth: Alexander Van der Bellen – Ansichten und Ab-
    sichten, Molden, 2001, S. 89.
14 Robert Kriechbaumer: Nur ein Zwischenspiel – Die Geschichte der Grü-
    nen in Österreich von den Anfängen bis 2017, Böhlau, 2018, S. 310f.
15 Die Presse, 08.09.2007, S. 9.
16 Zitiert in Robert Kriechbaumer: Nur ein Zwischenspiel – Die Geschichte
    der Grünen in Österreich von den Anfängen bis 2017, Böhlau 2018, S. 308.
17 Salzburger Nachrichten, 04.10.2008, S. 2.

18 Johannes Voggenhuber, zitiert nach Robert Kriechbaumer: Nur ein
    Zwischenspiel – Die Geschichte der Grünen in Österreich von den An-
    fängen bis 2017, Böhlau 2018, S. 309.
19 Robert Kriechbaumer: Nur ein Zwischenspiel – Die Geschichte der Grü-
    nen in Österreich von den Anfängen bis 2017, Böhlau, 2018, S. 378.
20 Ebd. S. 307.
21 Salzburger Nachrichten, 19.01.2009, S. 1.
22 Die Presse, 03.02.2009, S. 31.
23 kurier.at, 03.04.2017,
    https://kurier.at/politik/inland/streit-zwischen-glawischnig-und-jun-
    gen-gruenen-worum-geht-es-eigentlich/256.037.939
24 puls.24.at, 15.04.2021,
    https://www.puls24.at/news/politik/glawischnig-ueber-wechsel-zu-no-
    vomatic-es-war-trotz-dabei/231882
25 Kurier, 19.05.2017, S. 4.
26 Nach der Wahl 2013 zogen in den Nationalrat ein: Eva Glawischnig (Klub-
    obfrau), Werner Kogler (Klubobfrau-Stellvertreter), Berîvan Aslan, Dieter
    Brosz, Christiane Brunner, Helene Jarmer, Matthias Köchl, Alev Korun,
    Ruperta Lichtenecker, Sigi Maurer, Gabriela Moser, Eva Mückstein,
    Daniela Musiol, Peter Pilz, Wolfgang Pirklhuber, Bruno Rossmann, Birgit
    Schatz, Julian Schmid, Judith Schwentner, Albert Steinhauser, Harald
    Walser, Georg Willi, Tanja Windbüchler-Souschill, Wolfgang Zinggl
27 derstandard.at, 10.12.2016,
    https://www.derstandard.at/story/2000049059634/nach-dem-wahl-
    kampf-flammt-gruener-richtungsstreit-wieder-auf
28 derstandard.at, 14.12.2016,
    https://www.derstandard.at/story/2000049314008/glawischnig-for-
    dert-finito-der-gruenen-populismus-debatte
29 derstandard.at, 06.07.2017,
    https://www.derstandard.at/story/2000060908657/wabl-zu-pilz-kein-
    experimentierfeld-fuer-beleidigte
30 Neue Zürcher Zeitung, 23.08.2022,
    https://www.nzz.ch/wirtschaft/wir-brauchen-hofnarren-gegen-die-
    mentale-abschottung-ld.1699110

I I I Kapitel IV

1   Kleine Zeitung, Regionalausgabe Leibnitz, 15.12.1984, o.S.
2   meinbezirk.at, 05.10.2018,
    https://www.meinbezirk.at/leibnitz/c-lokales/ein-sehr-gut-fuer-das-
    leibnitzerfeld_a2946024
3   derstandard.at, 01.02.2023,
    https://www.derstandard.at/story/2000143086312/zugang-zu-ab-
    treibungen-in-vorarlberg-langfristig-abgesichert

4 wienerzeitung.at, 18.10.2019,
   https://www.wienerzeitung.at/nachrichten/wirtschaft/oester-
   reich/2034391-WKOe-Wir-muessen-die-Strassen-zurueckerobern.html
5 tirol.orf.at, 19.09.2017, https://tirol.orf.at/v2/news/stories/2867191/
6 kurier.at, 02.12.2022,
   https://kurier.at/wirtschaft/bodenversiegelungsgrad-in-oesterreich-
   2021-ungewoehnlich-hoch/402245259
7 Nach der Wahl 2019 zogen in den Nationalrat ein: Sigi Maurer (Klubobfrau), Meri Disoski (Klubobfrau-Stellvertreterin), Jakob Schwarz
   (Klubobfrau-Stellvertreter), Olga Voglauer (Klubobfrau-Stellvertreterin)
   Eva Blimlinger, Faika El-Nagashi, Ewa Ernst-Dziedzic, Ulrike Fischer,
   Leonore Gewessler, Elisabeth Götze, Sibylle Hamann, Lukas Hammer,
   Stefan Kaineder, Markus Koza, Werner Kogler, Martin Litschauer, Barbara
   Neßler, Michel Reimon, Bedrana Ribo, Astrid Rössler, Ralph Schallmeiner,
   David Stögmüller, Nina Tomaselli, Hermann Weratschnig, Alma Zadic,
   Süleyman Zorba
8 kleinezeitung.at, 07.10.2017,
   https://www.kleinezeitung.at/steiermark/oststeier/5298441/St-Johann-
   i-d-Haide_Muelldeponie_Hier-wurde-vor-25-Jahren-noch
9 puls24.at, 14.06.2021,
   https://www.puls24.at/video/puls-24/kogler-regieren-ist-nichts-fuer-
   lulus/v-cc33hk4dwcc1
10 tt.com, 17.02.2023,
   https://www.tt.com/artikel/30846392/woelfe-hoerl-gewessler-spielt-
   mit-leben-von-mensch-und-tier
11 diepresse.com, 19.01.2023,
   https://www.diepresse.com/6239405/harald-mahrer-die-energie-wen-
   de-darf-kein-industrie-ende-sein
12 profil, 7/2023, 12.02.2023, S. 17.
13 Die Zeit, 39/2021, 23.09.2021., S. 31–32.

||| Kapitel V

1 Austria Presse Agentur, 05.11.2011, 16:53 Uhr, 0209 5 II 0429
2 Kleine Zeitung, 28.06.1995, S. 51.
3 Ebd.
4 ennstalwiki.at,
   https://www.ennstalwiki.at/wiki/index.php/Sallaberger_Brücke
   (14.04.2023)
5 freda.at,
   https://freda.at/gruenes-gedaechtnis/buergerbeteiligung-ennsnahe-
   trasse/ (24.03.2023)
6 https://www.zukunft-ennstal.at/presse/111107_klz.php (23.07.2023)
7 Austria Presse Agentur, 05.11.2011, 16:53 Uhr, 0209 5 II 0429.

8   kurier.at, 01.12.2021,
    https://kurier.at/politik/inland/jetzt-amtlich-gewessler-stoppt-tunnel-
    bau-durch-die-lobau/401824597
9   Ebd.
10 derstandard.at, 11.09.2019,
    https://www.derstandard.at/story/2000108519505/stadtluft-macht-gruen
11 fridaysforfuture.at,
    https://fridaysforfuture.at/presse/offener-brief-an-gewessler-und-kog-
    ler-letzte-chance-furs-klimaschutzgesetz (16.04.2023)
12 Sora-Demokratiemonitor, https://www.demokratiemonitor.at/
    (16.04.2023)
13 kurier.at, 22.08.2021,
    https://kurier.at/politik/inland/gruene-birgit-hebein-gibt-parteiaus-
    tritt-bekannt/401479714
14 falter.at, 07.09.2021,
    https://www.falter.at/morgen/20210907/wo-sind-die-grunen-beim-
    historischen-umweltprotest-in-der-lobau
15 derstandard.at, 03.03.2023,
    https://www.derstandard.at/story/2000144108256/gesundheitsminis-
    ter-rauch-ist-bereit-sich-sein-fett-abzuholen-corona-aufarbeitung

||| Kapitel VI

1   kleinezeitung.at, 04.01.2020,
    https://www.kleinezeitung.at/politik/innenpolitik/5746946/Fiktive-Re-
    de-von-Andreas-Wabl_Appell-an-die-Gruenen_Verliert-Euch
2   derstandard.at, 29.01.2021,
    https://www.derstandard.at/story/2000123739034/das-beste-aus-bei-
    den-welten
3   kurier.at, 11.02.2023,
    https://kurier.at/politik/inland/strategisch-notwendiger-unsinn-die-
    message-control-zum-nachlesen/402324498
4   falter.at, 15.02.2023,
    https://www.falter.at/morgen/20230215/der-spindoktor-von-sebastian-
    kurz-uber-seine-tricks
5   Austria Presse Agentur, 14.05.1987, 18:02 Uhr, 0303 4 II Forts. zu APA247.
6   Demokratiezentrum Wien,
    https://www.demokratiezentrum.org/bildung/ressourcen/wissens-
    stationen/waldheim-debatte/ (24.05.2023)
7   kurier.at, 12.08.2012,
    https://kurier.at/kultur/knoebl-er-war-mehr-als-club-2-erfin-
    der/808.081

8 Austria Presse Agentur OTS, 12.08.2012,
https://www.ots.at/presseaussendung/OTS_20120812_OTS0042/orf-
trauert-um-kuno-knoebl
9 derstandard.at, 16.11.2017,
https://www.derstandard.at/story/2000067874835/guy-debord-der-
schein-bestimmt-das-bewusstsein
10 Guy Debord: Die Gesellschaft des Spektakels, Tiamat, 1996, S. 49.
11 Wiener Zeitung, 08./09.04.2023, S. 5.
12 Ebd. S. 3.
13 puls24.at, 05.04.2023,
https://www.puls24.at/news/politik/rassistisch-alma-zadic-kritisiert-
karl-mahrers-brunnenmarkt-video/293760

I I I Kapitel VII

1 Ballesterer Fußballmagazin, 169/2022, April 2022, S. 45.
2 Ebd.
3 Leonhard Cohen, The Anthem, Album: The Future, 1992.
4 derstandard.at, 27.12.2012,
https://www.derstandard.at/story/1348284182483/team-stronach-will-
in-die-geschichte-der-welt-eingehen
5 derstandard.at, 01.05.2022,
https://www.derstandard.at/story/2000135342295/die-gruenen-als-
stinknormale-partei
6 profil.at, 19.06.2023,
https://www.profil.at/oesterreich/kickl-interview-ich-werde-ein-
kanzler-fuer-das-volk-sein/402489476
7 derstandard.at, 26.05.2023,
https://www.derstandard.at/story/3000000172061/verheerende-
folgen-des-kurzismus
8 Ebd.
9 derstandard.at, 05.06.2023,
https://www.derstandard.at/story/3000000173352/laecherlichkeit-toetet
10 salzburg.orf.at, 23.03.2023,
https://salzburg.orf.at/stories/3200064/
11 Brené Brown, „Unlocking Us" Podcast, Episode „Brené on Strong Backs,
Soft Fronts, and Wild Hearts", November 2020:
https://brenebrown.com/podcast/brene-on-strong-backs-soft-fronts-
and-wild-hearts/ (20.06.2023)
12 science.orf.at, 23.06.2023, https://science.orf.at/stories/3219948/

Personenregister

Alaba, David Olatukunbo 153
Kapitän der österreichischen Fußballnationalmannschaft – in dieser seit 2009 aktiv-, gewann die Champions League zweimal mit Bayern München (2013 und 2020) und einmal mit Real Madrid (2022).

Anschober, Rudolf „Rudi" 23, 24, 51, 56, 79, 93
Bundesminister für Soziales, Gesundheit, Pflege und Konsumentenschutz Jänner 2020 bis April 2021, Landesrat für Umweltschutz in der Oberösterreichischen Landesregierung 2003–2020, Abgeordneter der Grünen zum Nationalrat 1990–1997, Gründungsmitglied der „Alternativen Liste Österreich" (ALÖ) im Jahr 1982, seit seinem Rücktritt aus der Politik als Autor und Vortragender tätig.

Anyanwu, Noomi 122
Sprecherin und Co-Initiatorin des Black Voices Volksbegehren, dem ersten Anti-Rassismus Volksbegehren in Österreich (initiiert 2022).

Aslan, Berîvan 122
Grüne Abgeordnete zum Wiener Landtag und Gemeinderat seit 2020, Abgeordnete zum Nationalrat 2013–2017.

Babler, Andreas 158
Parteivorsitzender der SPÖ seit Juni 2023, Mitglied des Bundesrats, Bürgermeister von Traiskirchen seit 2014.

Benya, Anton 42, 59
(*1912, † 2001) Gewerkschafter und SPÖ-Politiker, Abgeordneter zum Nationalrat 1956–1986, Präsident des Nationalrats 1971–1986 und Präsident des Gewerkschaftsbundes 1963–1987.

Biach, Alexander 94
Stellvertretender Direktor der Wiener Wirtschaftskammer seit 2016, Vorstandsvorsitzender des Hauptverbandes der österreichischen Sozialversicherungsträger 2017–2019.

Blecha, Karl 52
Präsident des Pensionist:innenverbands Österreichs 1999–2018, SPÖ-Innenminister 1983–1989 und SPÖ-Abgeordneter zum Nationalrat 1970–1983.

Brandstätter, Helmut 138
Journalist und Politiker, Neos-Abgeordneter zum Nationalrat seit 2019, Chefredakteur der Tageszeitung Kurier 2010–2018.

Brosz, Dieter 57, 84, 86
Abgeordneter der Grünen zum Nationalrat 1999–2017, Medien- und Sportsprecher im Grünen Parlamentsklub.

Brown, Brené 159
Amerikanische Sozialwissenschaftlerin, Autorin und Professorin für Soziale
Arbeit an der University of Houston.

Buchner, Josef 23, 33, 47, 48, 49
Bürgermeister der Stadtgemeinde Steyregg 1997–2012, Abgeordneter der
Grünen zum Nationalrat 1986–1990, Parteichef der „Vereinten Grünen
Österreichs" (VGÖ) 1983–1994, Gründer der Steyregger Bürgerinitiative für
Umweltschutz.

Bürstmayr, Georg 122
Politiker und Rechtsanwalt, Abgeordneter der Grünen zum Nationalrat seit
2020, Sicherheitssprecher im Grünen Parlamentsklub.

Cap, Josef 17
Abgeordneter der SPÖ zum Nationalrat 1983–2017, SPÖ-Klubobmann
2007–2013, Vorsitzender der Sozialistischen Jugend 1978–1984.

Chorherr, Christoph 56, 69, 144
Gemeinderat und Landtagsabgeordneter der Grünen in Wien 1997–2019,
Sprecher für Energie, Klimaschutz und Stadtplanung, Klubobmann der Wie-
ner Grünen 1997–2004, Bundessprecher der Grünen März 1996 bis Dezem-
ber 1997, nicht-amtsführender Stadtrat der Grünen im Wiener Landtag und
Gemeinderat 1991–1996, betreibt die Bäckerei Gragger & Chorherr seit 2019.

Dankl, Kay-Michael 78
Spitzenkandidat für KPÖ PLUS bei der Salzburger Landtagswahl im April
2023, seither Landtagsabgeordneter, Bundessprecher der Jungen Grünen
2015–2017.

Debord, Guy 138, 139
(*1931, † 1994) Französischer Autor (u.a. „Die Gesellschaft des Spektakels"),
Filmemacher, Kritiker des Kapitalismus und Revolutionär.

Dobernig, Harald 96
BZÖ-Politiker und Landesrat für Finanzen und Wirtschaft im Kärntner
Landtag 2008–2013, wurde mehrmals wegen Untreue verurteilt.

Eberhartinger, Klaus 114
Moderator und Sänger der Band Erste Allgemeine Verunsicherung (EAV).

Eisenriegler, Doris 28
Abgeordnete der Grünen zum Oberösterreichischen Landtag 1997–2009,
Dritte Landtagspräsidentin 2003–2009, Sprecherin in den Bereichen
Frauen, Naturschutz, Tierschutz, Entwicklungspolitik, Frieden und Neutrali-
tät, Raumordnung und Altenpolitik, Mitbegründerin der „Alternativen Liste
Österreich" (ALÖ) 1982.

El-Nagashi, Faika 122
Abgeordnete der Grünen zum Nationalrat seit 2019, Sprecherin im Grünen Parlamentsklub für Integrations- und Diversitätspolitik, Zivilgesellschaft und Tierschutz, Abgeordnete der Grünen zum Wiener Landtag und Gemeinderat 2015–2019.

Embacher, Wilfried 84
Anwalt und ORF-Stiftungsrat der Grünen 2010–2017.

Erlinger, Helga 49
Abgeordnete der Grünen zum Nationalrat Dezember 1988 bis Dezember 1989, Gemeinderätin in Hainburg für die Hainburger Bürgerliste 1985–1988, Mitglied der Grünen Bildungswerkstatt Niederösterreich 1986–1988.

Ernst-Dziedzic, Ewa 122
Abgeordnete der Grünen zum Nationalrat seit 2019, Sprecherin im Grünen Klub für Außenpolitik, Migration, Menschenrechte und LGBTIQ+, Abgeordnete der Grünen zum Bundesrat 2015–2019.

Felipe, Ingrid 78, 79, 95
Bundessprecherin der Grünen Juni bis Oktober 2017, Landesrätin für Umwelt- und Klimaschutz, Naturschutz und Europäische Verkehrspolitik und zweite Landeshauptmann-Stellvertreterin 2013–2022, Landessprecherin der Grünen Alternative Tirol 2009–2013, Mitglied des Vorstands der DB Netz AG seit Jänner 2023.

Fischer, Erica 32
Autorin und Frauenrechtlerin, Gründungsmitglied der Neuen Frauenbewegung Anfang der 1970er-Jahre in Wien, Kandidatin der „Alternativen Liste Wien" (ALW) bei der Vorwahl zur Nationalratswahl 1986, Autorin zahlreicher Bücher und Romane.

Fischer, Heinz 32, 52, 59, 63, 73
Bundespräsident 2004–2016 und Nationalratspräsident 1990–2002, Abgeordneter der SPÖ zum Nationalrat 1971–1983 sowie 1987–2004, Klubobmann 1975–1990, Wissenschaftsminister 1983–1987.

Floss, Franz 74
Geschäftsführer des Vereins für Konsumenteninformation 2005–2016, Bundesgeschäftsführer der Grünen 2001–2003 und 1990–1992.

Franck, Georg 139
Deutscher Architekt, Ökonom und Stadtplaner. Professor für digitale Methoden in Architektur und Raumplanung an der Technischen Universität Wien 1994–2016.

Fux, Herbert 23, 26, 33, 47, 49
(*1927, † 2007) Schauspieler und Politiker. Mitgründer der Salzburger Bürgerliste im Jahr 1977, Abgeordneter der Grünen zum Nationalrat Dezember 1986 bis Dezember 1988 und November 1989 bis November 1990.

Gewessler, Leonore 98, 101, 107, 117, 118, 129, 141, 149
Stellvertretende Bundessprecherin der Grünen seit Juni 2022 und Bundes-
ministerin für Klimaschutz, Umwelt, Energie, Mobilität, Innovation und
Technologie seit Jänner 2020, Geschäftsführerin der Umweltorganisation
GLOBAL 2000 2014–2019.

Geyer, Walter 33, 45, 47, 49
Leiter der Korruptionsstaatsanwaltschaft 2009–2013, Staatsanwalt 1977–
1986 und 1988–2009, Abgeordneter zum Nationalrat und stellvertretender
Klubobmann der Grünen 1986–1988.

Glawischnig, Eva 57, 70, 71, 72, 76, 77, 78, 80, 84, 107, 112, 114, 115, 116, 117,
118, 144, 148, 150
Bundessprecherin und Klubobfrau der Grünen 2008–2017, Abgeordnete der
Grünen zum Nationalrat 1999–2017, Spitzenkandidatin der Grünen bei der
Nationalratswahl 2013, Dritte Nationalratspräsidentin 2006–2008, beim
Glücksspielkonzern Novomatic zuständig für den Bereich Nachhaltigkeit
2018–2021, seither selbstständige Beraterin im Bereich Nachhaltigkeit.

Gorbach, Hubert 29
FPÖ- und dann BZÖ-Bundesminister für Verkehr, Innovation und Technologie sowie Vizekanzler 2003–2007, Landesrat in Vorarlberg 1993–2003,
Abgeordneter zum Vorarlberger Landtag 1989–1992, selbstständiger Berater
seit seinem Ausscheiden aus der Politik.

Götze, Elisabeth 100
Abgeordnete der Grünen zum Nationalrat seit 2019. Sprecherin im Grünen
Parlamentsklub für die Bereiche Wirtschaft und Innovation, Vizebürger-
meisterin in Eichgraben 2015–2020.

Grasl, Richard 84
Geschäftsführer des Nachrichtenmagazins profil seit Jänner 2023, Mitglied der Chefredaktion der Tageszeitung Kurier seit 2018, kaufmännischer
Direktor des ORF 2009–2016, Chefredakteur des ORF-Landesstudio Niederösterreich 2002–2009.

Grasser, Karl-Heinz 96
Im Zuge der Buwog-Affäre im Dezember 2020 nicht-rechtskräftig zu acht
Jahren Haft verurteilt, Bundesminister für Finanzen 2000–2007, zunächst
für die FPÖ, ab 2003 parteilos, Landeshauptmann-Stellvertreter in der
Kärntner Landesregierung 1994–1998.

Gratz, Leopold 52, 135
(*1929, † 2006) Präsident des Nationalrats 1986–1989, SPÖ-Abgeordneter
zum Nationalrat 1966–1973 und 1986–1989, Außenminister 1984–1986,
Wiener Bürgermeister 1973–1984.

Gronner, Ali 27, 28
Mitgründer der „Alternativen Liste Wien" im Jahr 1982 und Bundesgeschäftsführer der „Alternativen Liste Österreich" in den Anfangsjahren.

Gusenbauer, Alfred 17, 29, 70, 72
SPÖ-Bundeskanzler Jänner 2007 bis Dezember 2008, Bundesvorsitzender
der SPÖ 2000–2008, Mitarbeiter der Arbeiterkammer Niederösterreich
1990–1999, Vorsitzender der Sozialistischen Jugend Österreichs 1984–1990,
nach seiner Zeit als Bundeskanzler selbstständiger Berater in der Finanz-
und Immobilienbranche.

Haderer, Gerhard 73
Karikaturist und Illustrator, als solcher tätig seit Anfang der 1980er-Jahre.

Haider, Jörg 28, 31, 50, 55, 56, 57, 70
(*1950, † 2008) Landeshauptmann von Kärnten 1989–1991 und 1999–2008,
Gründer des Bündnis Zukunft Österreich (BZÖ) im Jahr 2005, Bundesparteiobmann der FPÖ 1986–2000, FPÖ-Abgeordneter im Nationalrat 1979–1983,
1986–1989 und 1992–1999.

Haidlmayr, Theresia 56, 57
(*1955, † 2022) Abgeordnete der Grünen zum Nationalrat 1994–2008, lang-
jährige Behindertensprecherin im Grünen Parlamentsklub.

Hammer, Lukas 128, 160
Abgeordneter der Grünen zum Nationalrat seit 2019, Sprecher für Klimaschutz und Energie im Grünen Parlamentsklub, umweltpolitischer Sprecher
von Greenpeace CEE 2017–2019.

Harrich, Holda 49
Abgeordnete der Grünen zum Nationalrat Jänner 1989 bis November 1990.

Harringer, Susi 27
Übersetzerin und Autorin, Mitgründerin der „Alternativen Liste Wien" (ALW).

Haslauer, Wilfried 95
Salzburger ÖVP-Landeshauptmann seit 2013, stellvertretender Landeshauptmann Salzburgs 2004–2013.

Hass, Hans 16, 114
(*1919, † 2013) Österreichischer Zoologe und Meeresforscher, bekannt für
seinen Einsatz für den Umweltschutz.

Häupl, Michael 94
Wiener SPÖ-Bürgermeister 1994–2018, Stadtrat und Landesrat für Umwelt
und Sport 1988–1994, Abgeordneter zum Wiener Gemeinderat und Landtag
1983–1988.

Hebein, Birgit 66, 122
Vizebürgermeisterin der Stadt Wien Juni 2019 bis November 2020 und
Stadträtin für Stadtentwicklung, Verkehr, Klimaschutz, Energieplanung und
Bürger:innenbeteiligung. Abgeordnete und Sozialsprecherin der Grünen
zum Wiener Gemeinderat und Landtag 2010–2019. Austritt aus der Grünen
Partei im August 2021.

Heller, André 17, 29
Künstler, Autor und Musiker. Weltweit bekannt durch seine Gartenkreationen und phantastischen Shows. Unterstützte SPÖ-Kanzler Bruno Kreisky in den 1980er-Jahren und war Initiator zahlreicher Konzerte und Veranstaltungen der Friedensbewegung.

Hemetsberger, Rudolf 154
Abgeordneter im Oberösterreichischen Landtag und Bürgermeister der Gemeinde Attersee seit 2021, Mitglied des Grünen Bundesvorstandes seit 2018.

Hillegeist, Friedrich 61
(*1895, † 1973) Überlebender des KZ Buchenwald, Abgeordneter der SPÖ zum Nationalrat 1945–1962, Vorsitzender der Gewerkschaft der Angestellten in der Privatwirtschaft 1945–1963, Ehrenvorsitzender des Österreichischen Gewerkschaftsbundes (ÖGB).

Hirschmann, Gerhard 115
(*1951, † 2019) ÖVP-Mitglied der Steirischen Landesregierung 1993–2003, Landesrat für Sport, Tourismus und später Kultur, Abgeordneter zum Steirischen Landtag 1983–1993.

Hirz, Gottfried 24
Abgeordneter der Grünen zum Oberösterreichischen Landtag 2003–2021, Klubobmann der Grünen im Landtag 2007–2021, Mitglied im Erweiterten Bundesvorstand 1997–2016, Mitgründer der „Alternativen Liste Österreich" (ALÖ) im Jahr 1982.

Hörl, Franz 101
ÖVP-Abgeordneter zum Nationalrat 2006–2013 und wieder seit 2018, Sprecher im ÖVP-Parlamentsklub für Tourismus, Obmann des Tiroler Wirtschaftsbundes und Obmann des Fachverbandes der Seilbahnwirtschaft.

Holub, Rolf 79, 96
Kabarettist und Politiker. Landesrat der Grünen für Energie, Umwelt, Nachhaltigkeit und öffentlichen Verkehr 2013–2018, Abgeordneter der Grünen zum Kärntner Landtag 2004–2013, leitete den Untersuchungsausschuss des Kärntner Landtags zur Causa Hypo Alpe Adria.

Hubert von Goisern 114
Bürgerlich Hubert Achleitner, Musiker und Liedermacher im Genre „Alpenrock" (Durchbruch und Chart-Erfolg mit „Koa Hiatamadl" 1992) und Roman-Autor.

Hundertwasser, Friedensreich 29
(*1928, † 2000) bürgerlich Friedrich Stowasser, war Maler, Künstler und Umweltschützer, bei der Besetzung der Hainburger Au aktiv, gestaltete später Landschaften und Gebäude wie die Müllverbrennungsanlage Spittelau in Wien, die Pfarrkirche Bärnbach oder die Therme Blumau.

Jürgens, Udo 16, 33
(*1934, † 2014) Musiker und Komponist, zählt zu den erfolgreichsten Unter-
haltungskünstlern im deutschen Sprachraum mit Hits wie „Aber bitte mit
Sahne" oder „Ich war noch niemals in New York". Gewann für Österreich den
Eurovision Song Contest im Jahr 1966.

Karas, Othmar 29
Erster Vizepräsident des EU-Parlaments seit 2022, ÖVP-Abgeordneter zum
EU-Parlament seit 1999, Abgeordneter zum Nationalrat 1983–1990.

Karner, Gerhard 101
ÖVP-Bundesminister für Inneres seit Dezember 2021, Zweiter Landtagspräsident Niederösterreichs 2015–2021, Abgeordneter zum Niederösterreichischen Landtag 2003–2015.

Kickl, Herbert 87, 140, 157, 158
Bundesparteiobmann der FPÖ seit 2021, Bundesminister für Inneres
2017–2019, Abgeordneter der FPÖ zum Nationalrat 2006–2017 und wieder
seit 2019, Generalsekretär der FPÖ 2005–2018.

Kitzmüller, Erich 24, 25, 27
Mitbegründer der „Alternativen Liste Graz" (ALG) im Jahr 1981 und ehemaliger Sozialwissenschaftler mit Schwerpunkt Geldwirtschaft.

Klasnic, Waltraud 113
ÖVP-Landeshauptfrau der Steiermark 1996–2005, Landesrätin für Wirtschaft, Tourismus und Verkehr 1988–1993, ÖVP-Abgeordnete zum Steirischen Landtag 1981–1988.

Kloibmüller, Michael 84
Ehemaliger Gendarm und ÖVP-Kabinettsmitarbeiter, Kabinettschef und
Chef der Präsidialsektion im Innenministerium 2000–2017.

Knöbl, Kuno 138
(*1936, † 2012) Ehemaliger Journalist und langjähriger Unterhaltungschef des
ORF. Erfinder der Kultsendung „Club 2".

Kogler, Werner 22, 25, 45, 57, 85, 87, 98, 99, 100, 103, 105, 116, 118, 132, 133, 141, 163, 169
Vizekanzler und Bundesminister der Grünen für Kunst, Kultur, öffentlichen
Dienst und Sport seit Jänner 2020, Spitzenkandidat der Grünen bei der EU-
Wahl und Nationalratswahl im Jahr 2019, Bundessprecher der Grünen seit
2018, Nationalratsabgeordneter 1999–2017, Grüner Gemeinderat in Graz
1986–1988, Mitgründer der „Alternativen Liste Österreich" (ALÖ) im Jahr
1982 und der „Alternativen Liste Graz" (ALG) im Jahr 1981.

Komlosy, Andrea 32
Historikerin und Politikerin, Professorin am Institut für Wirtschafts- und Sozialgeschichte bis 2022, Mitbegründerin der „Alternativen Liste Wien" (ALW) und Kandidatin bei der Vorwahl der Grünen Liste bei der Nationalratswahl 1986.

Koza, Markus 100
Abgeordneter der Grünen zum Nationalrat seit 2019, Arbeits- und Sozialsprecher im Grünen Parlamentsklub, Bundessekretär der Alternative und Grüne GewerkschafterInnen/Unabhängige GewerkschafterInnen (AUGE/UG) 1999–2019.

Krainer, Josef (junior) 113
(*1930, † 2016) Landeshauptmann der Steiermark 1980–1996, Mitglied der Steirischen Landesregierung 1971–1980, ÖVP-Abgeordneter zum Nationalrat 1970–1971.

Krankl, Hans 16
Fußballlegende, Trainer. 69 Länderspiele für die österreichische Nationalmannschaft 1973–1985, zweimal österreichischer Meister mit Rapid Wien (1982 und 1983), Sieger im Europapokal der Pokalsieger mit dem FC Barcelona (1979), Trainer der österreichischen Nationalmannschaft 2002–2005.

Kreisky, Bruno 18, 21, 59, 62
(*1911, † 1990) SPÖ-Bundeskanzler 1970–1983, SPÖ-Parteivorsitzender 1967–1983, Abgeordneter zum Nationalrat 1956–1983, Außenminister 1959–1966 und Staatssekretär für auswärtige Angelegenheiten 1953–1959.

Kriechbaumer, Robert 54, 69, 71, 174
Historiker und Politikwissenschaftler, wissenschaftlicher Leiter der Dr.-Wilfried-Haslauer-Bibliothek – Forschungsinstitut für historisch-politische Studien seit 1993.

Kurz, Sebastian 32, 33, 52, 56, 63, 67, 74, 77, 85, 86, 87, 94, 104, 105, 133, 134, 135, 147, 157, 158
ÖVP-Bundeskanzler Dezember 2017 bis Mai 2019 und Jänner 2020 bis Oktober 2021, Parteiobmann der ÖVP 2017–2021, Außenminister 2013–2017, Staatssekretär für Integration 2011–2013, seit seinem Rückzug aus der Politik selbstständiger Unternehmer und Investor.

Kuttner, Astrid 49
Abgeordnete der Grünen zum Nationalrat November 1988 bis Oktober 1989, Grüne Gemeinderätin in Innsbruck 1983–1986.

Langthaler, Monika 51, 56, 74
Direktorin der internationalen Klimakonferenz Austrian World Summit – The Schwarzenegger Climate Initiative seit 2017, Abgeordnete der Grünen zum Nationalrat 1990–1999, Umweltsprecherin im Grünen Parlamentsklub.

List, Niki 16
(*1956, † 2009) Wegbereiter des neuen österreichischen Kinos, Regisseur von
Filmen wie „Café Malaria" (1982), „Müllers Büro" (1986) oder „Move!" (2003).

Ludwig, Michael 117
SPÖ-Bürgermeister der Stadt Wien seit 2018, Stadtrat für Wohnen, Wohnbau und Stadterneuerung 2007–2018, Abgeordneter zum Wiener Landtag
und Gemeinderat 1999–2007.

Lunacek, Ulrike 32, 57, 76, 77, 78, 79, 86, 97, 147
Grüne Staatssekretärin für Kunst und Kultur Jänner bis Mai 2020, Spit-
zenkandidatin der Grünen bei der Nationalratswahl 2017 sowie bei den
EU-Wahlen 2014 und 2009, Vizepräsidentin des EU-Parlaments 2014–2017,
Abgeordnete zum EU-Parlament 2009–2017, Abgeordnete der Grünen zum
Nationalrat 1999–2009, arbeitet seit ihrem Rücktritt aus der Politik als
Autorin und Übersetzerin.

Mahrer, Harald 101
Präsident der Wirtschaftskammer Österreich seit 2018, Präsident des Wirt-
schaftsbundes der ÖVP seit 2017, ÖVP-Bundesminister für Wissenschaft,
Forschung und Wirtschaft Mai 2017 bis Dezember 2017.

Mahrer, Karl 142
Landesparteiobmann der ÖVP-Wien seit 2022, nicht-amtsführender Stadtrat im Wiener Landtag und Gemeinderat seit 2021, Nationalratsabgeordneter
und Sicherheitssprecher im ÖVP-Parlamentsklub 2017–2021.

Meischberger, Walter 96
Wurde im Zuge der Buwog-Affäre gemeinsam mit Karl-Heinz Grasser und
Peter Hochegger im Dezember 2020 nicht rechtskräftig zu sieben Jahren
Haft verurteilt. FPÖ-Abgeordneter zum Nationalrat 1990–1999, Mitglied des
Bundesrates 1989–1990.

Martinz, Josef 96
Wurde im Jahr 2014 wegen Untreue zu viereinhalb Jahren Haft verurteilt,
Landesparteiobmann der ÖVP-Kärnten und Landesrat der Kärntner Landes-
regierung für EU-Angelegenheiten und Landwirtschaft 2004–2012.

Matt, Frank 154
Augenarzt und Grüner Bürgermeister in Lochau, Vorarlberg, seit 2020.

Maurer, Sigrid „Sigi" 62, 104, 109, 133, 134
Klubobfrau und Abgeordnete der Grünen zum Nationalrat seit 2019, Vorsitzende der Österreichischen Hochschüler:innenschaft (ÖH) 2009–2011.

Meissner-Blau, Freda 21, 31, 32, 43, 47, 48, 49
(*1927, † 2015) Erste Klubobfrau der Grünen im Parlament 1986–1988, Abgeordnete der Grünen zum Nationalrat 1986–1988, Spitzenkandidatin der Grünen bei der Nationalratswahl 1986, Kandidatin der Grünen bei der Präsidentschaftswahl 1986.

Mill, John Stuart 68
(*1806, † 1873) Britischer Philosoph und Politiker, wichtiger Theoretiker des Liberalismus.

Mitterlehner, Reinhold 80
ÖVP-Vizekanzler 2014–2017 und Wirtschaftsminister 2008–2017, ÖVP-Bundesparteivorsitzender 2014–2017, Abgeordneter zum Nationalrat 2000–2008, seit seinem Abschied aus der Politik als Unternehmensberater tätig.

Mock, Alois 43
(*1934, † 2017) ÖVP-Bundesminister für auswärtige Angelegenheiten 1989–1995, hat den EU-Beitritt Österreichs verhandelt, Vizekanzler 1987–1989, Abgeordneter zum Nationalrat 1970–1987, 1990 und 1994–1999.

Moosbrugger, Josef 95
Präsident der Präsidentenkonferenz der österreichischen Landwirtschaftskammer seit 2018, Präsident der Landwirtschaftskammer Vorarlberg seit 1999, ÖVP-Stadtrat in Dornbirn 1995–2018.

Moser, Gabriela 58, 85, 96
(*1954, † 2019) Abgeordnete der Grünen zum Nationalrat 1994–1996 und 1997–2017, trug im U-Ausschuss zur Buwog-Affäre maßgeblich zur Aufdeckung von Korruption bei, Mitglied des Gemeinderates in Linz 1985–1991 sowie 1997–2003, Mitglied des Bundesvorstandes der Grünen Österreich 1995–1997.

Nehammer, Karl 140, 141
Bundesparteiobmann der ÖVP seit Mai 2022, Bundeskanzler seit Dezember 2021, Bundesminister für Inneres Jänner 2020 bis Dezember 2021, Generalsekretär der ÖVP 2018–2020, Landesobmann des Österreichischen Arbeitnehmerinnen- und Arbeitnehmerbundes (ÖAAB) Wien 2016–2022.

Nenning, Günther 31, 48
(*1921, † 2006) Journalist, Autor und Aktivist, spielte bei der Besetzung der Hainburger Au und dem gemeinsamen Antreten von „Alternativer Liste Österreich" (ALÖ) und „Vereinte Grüne Österreichs" (VGÖ) bei der Nationalratswahl 1986 eine wesentliche Rolle.

Öllinger, Karl 56, 57, 85
Abgeordneter der Grünen zum Nationalrat 1994–2013 und 2016–2017, Sozialsprecher im Grünen Parlamentsklub und Betreiber des Rechtsextremen-Watchblogs „Stoppt die Rechten", Mitglied des Bundesvorstandes der Grünen 1997–2008, Klubobmann-Stellvertreter im Parlament 2000–2008, Klubobfrau-Stellvertreter 1997–1999.

Petrik, Flora 77
Bildungswissenschafterin, Spitzenkandidatin für KPÖ PLUS bei der Nationalratswahl 2017, Bundessprecherin der Jungen Grünen von Jänner bis März 2017.

Petrovic, Madeleine 51, 54, 55, 56, 57, 73, 144
Präsidentin des Wiener Tierschutzvereins seit 2008. Abgeordnete der Grünen zum Niederösterreichischen Landtag 2003–2018, Abgeordnete der Grünen zum Nationalrat 1990–2003, Klubobfrau der Grünen im Parlament 1992–1999, Bundessprecherin der Grünen 1994–1996, Spitzenkandidatin bei den Nationalratswahlen 1994 und 1995.

Pilz, Peter 31, 32, 33, 42, 47, 51, 52, 57, 66, 67, 77, 80, 81, 83, 84, 88, 107, 112, 144, 147, 164
Abgeordneter der Liste Pilz zum Nationalrat 2018–2019, Abgeordneter der Grünen zum Nationalrat 1986–1991 und 1999–2017, Abgeordneter der Grünen zum Wiener Landtag und Gemeinderat 1991–1999, Bundessprecher der Grünen 1992–1994, gründete nach seinem Abschied aus der Politik das Online-Medium zackzack.at.

Pittermann, Bruno 63
(*1905, † 1983) SPÖ-Abgeordneter zum Nationalrat 1945–1971, Vorsitzender der SPÖ 1957–1967, Vizekanzler 1957–1966.

Plasser, Fritz 27
Dekan an der Fakultät für Politikwissenschaft und Soziologie und Professor für Politikwissenschaft an der Universität Innsbruck 1993–2013, analysierte zahlreiche Wahlen für den ORF.

Plechl, Ernst Karl 96
Immobilienmakler und Unternehmer, wurde in der Buwog-Affäre gemeinsam mit Karl-Heinz Grasser, Walter Meischberger und Peter Hochegger angeklagt und im Dezember 2020 nicht-rechtskräftig schuldig gesprochen.

Pollet-Kammerlander, Doris 25, 73, 74
Abgeordnete der Grünen zum Nationalrat 1994–1999, außenpolitische Sprecherin im Grünen Parlamentsklub, geschäftsführende Obfrau der Grünen Bildungswerkstatt, Gemeinderätin der Grünen in Graz 1983–1986, Stellvertretende Leiterin des OSZE-Büros in Montenegro 1999–2002, Beraterin für Projektentwicklung und Monitoring seit 2003.

Possnig, Carmen 153
Medizinerin (Schwerpunkt Weltraummedizin-Forschung), seit November
2022 Reserve-Astronautin für die Europäische Weltraumorganisation (ESA).
Falls es zu ihrem Einsatz kommt, wäre sie die erste Österreicherin im Weltall.

Pritz, Peter 25
(† 1983) Ehemaliger Leiter des Afro-Asiatischen Instituts in Graz, Mitbegründer der „Alternativen Liste Graz" (ALG) 1981 und der „Erklärung von
Graz" Anfang der 1970er-Jahre.

Prohaska, Herbert 16
Fußballlegende, Trainer, spielte für die österreichische Nationalmannschaft
1974–1989, vierfacher Meister mit Austria Wien (1976, 1978, 1979 und 1980)
und italienischer Meister mit AS Roma (1983), Trainer der österreichischen
Nationalmannschaft 1993–1999, seither TV-Experte im ORF.

Proksch, Udo 52
(*1934, † 2001) Unternehmer, Designer und Netzwerker, wurde im Fall Lucona 1992 wegen sechsfachen Mordes verurteilt und verstarb in der Strafan-
stalt Graz-Karlau.

Puntscher Riekmann, Sonja 36, 49, 50
Vizerektorin an der Universität Salzburg 2003–2011 und Professorin
für Politische Theorie und Ideengeschichte an der Universität Salzburg
2002–2011, Abgeordnete der Grünen zum Nationalrat von Mai bis November 1994, wissenschaftliche Referentin des Grünen Klubs im Parlament und
Programmkoordinatorin 1987–1990.

Rauch, Johannes 62, 67, 79, 98, 124, 141, 149
Bundesminister der Grünen für Soziales, Gesundheit, Pflege und Konsumentenschutz seit März 2022, Landesrat der Grünen für Umweltschutz und
Nahverkehr in Vorarlberg 2014–2022, Abgeordneter der Grünen zum Landtag in Vorarlberg 2000–2014.

Rendi-Wagner, Pamela 80
SPÖ-Parteivorsitzende 2018–2023, Abgeordnete zum Nationalrat 2017–2023,
Bundesministerin für Gesundheit und Frauen März bis Dezember 2017, Ärztin
in den Bereichen Infektionsepidemiologie und Vakzinprävention.

Resetarits, Willi 114
(*1948, † 2022) Musiker, Sänger, Schauspieler und Menschenrechtsaktivist.

Rössler, Astrid 79, 95
Abgeordnete der Grünen zum Nationalrat seit 2019, Umweltsprecherin im
Grünen Parlamentsklub, Landeshauptmann-Stellvertreterin in Salzburg
2013–2018, Landessprecherin der Grünen Salzburg 2011–2018, Abgeordnete
zum Salzburger Landtag 2009–2013.

Rossmann, Bruno 85
Ökonom, Abgeordneter der Liste Pilz zum Nationalrat 2017–2019, Sprecher
in den Bereichen Budget, Finanzen und Umwelt, Abgeordneter der Grünen
zum Nationalrat 2006–2008 und 2012–2017.

Roth, Gerhard 152
(*1942, † 2022) Schriftsteller und Drehbuchautor, meldete sich als Erzähler,
Dramatiker und Essayist immer wieder kritisch zur österreichischen Vergangenheit und politischen Gegenwart zu Wort.

Rücker, Lisa 79, 93, 94
Grüne Vizebürgermeisterin der Stadt Graz 2008–2013 und Stadträtin für
Umwelt, Verkehr und Gesundheit 2008–2017, Gemeinderätin der Stadt Graz
2003–2008, seit ihrem Rücktritt aus der Politik als selbstständige Beraterin
und politische Erwachsenenbildnerin tätig.

Rütting, Barbara 114
(*1927, † 2020) Deutsche Schriftstellerin, Schauspielerin und Politikerin
(Bündnis 90/Die Grünen, V-Partei).

Sburny, Michaela 144
Obfrau der Grünen Zukunftsakademie Freda seit 2020, Bundesgeschäftsfüh-
rerin der Grünen 1998–2001 und 2004–2009, Abgeordnete der Grünen zum
Nationalrat 2002–2008, Wirtschaftssprecherin im Grünen Parlamentsklub.

Schandl, Franz 46
Autor, Journalist und Politikwissenschaftler, Mitbegründer der Grünen
Alternative im Jahr 1986, Gründer der Zeitschrift „Streifzüge".

Schattauer, Gerhard 46
Autor und Historiker, Mitarbeit bei der „Alternativen Liste Österreich" sowie
der Grünen Alternative bis 1986.

Scheiber, Oliver 157
Jurist und Vorsteher des Bezirksgerichts Meidling in Wien, Mitinitiator des
Volksbegehrens „Rechtsstaat & Antikorruption" 2022.

Schiffkowitz 114, 125
Bürgerlich Helmut Röhrling, Musiker und das zweite S der Gruppe „S.T.S".

Schiller, Fritz 27
(*1957, † 2022) Aktivist und Gewerkschafter, als Betriebsrat bei den „Alternativen und Grünen GewerkschafterInnen/Unabhängige GewerkschafterInnen" (AUGE/UG), der Arbeiterkammer und Gewerkschaft engagiert, Aktivist
gegen das AKW Zwentendorf und in der Hainburger Au.

Schilling, Lena 117, 122, 125, 126, 130
Politikwissenschafterin, Klimaaktivistin u.a. für Fridays for Future, Autorin,
Gründerin des Jugendrates im Jahr 2020, der das Protestcamp „Lobau Bleibt"
anführte, Co-Sprecherin der „Initiative Lieferkettengesetz Österreich".

Schmid, Michael 115
Architekt, BZÖ-Politiker seit 2005 (FPÖ-Austritt 2001), FPÖ-Bundesminister für Verkehr, Innovation und Technologie Februar bis November 2000, Mitglied der Steirischen Landesregierung 1991–2000, Landesparteiobmann der FPÖ Steiermark 1989–2000.

Schmid, Julian 81, 85
Abgeordneter der Grünen zum Nationalrat 2013–2017, Jugendsprecher im Grünen Parlamentsklub, Mitarbeiter bei der Österreichischen Energieagentur seit 2021.

Schobesberger, Günter 29, 30
Aktivist in der Hainburger Au im Jahr 1984 und Co-Autor der „Hainburger Erklärung" aus dem Jahr 2014 – eine Forderung von Umweltschutzmaßnahmen.

Schoch, Sandra 79
Grüne Vizebürgermeisterin der Stadt Bregenz seit 2013, Abgeordnete zum Vorarlberger Landtag seit 2014.

Schüssel, Wolfgang 70, 113
ÖVP-Bundeskanzler 2000–2007, Bundesparteiobmann der ÖVP 1995–2007, Vizekanzler und Außenminister 1995–2000, Minister für Wirtschaft 1989–1995. Langjähriger Abgeordneter zum Nationalrat. Er legte im September 2011 aufgrund der Telekom-Affäre sein Nationalratsmandat endgültig zurück.

Scrinzi, Otto 31
(*1918, † 2012) FPÖ-Abgeordneter zum Nationalrat 1966–1979, Kandidat bei der Bundespräsidentschaftswahl im Jahr 1986. Während der NS-Zeit war Scrinzi SA-Sturmführer und Mitglied der NSDAP seit 1940, Zeit seiner FPÖ-Laufbahn wurde er als rechtsextrem eingestuft.

Sima, Ulrike „Ulli" 117
SPÖ-Stadträtin in der Wiener Landesregierung für Innovation, Stadtplanung und Mobilität seit 2020, Stadträtin für Umwelt 2004–2020, Abgeordnete zum Nationalrat 1999–2004, Aktivistin und Mitarbeiterin bei GLOBAL 2000 beim Protest gegen die Ennsnahe-Trasse in den 1990er-Jahren.

Simma, Kaspanaze 23, 124, 125
Eigentlich Kaspar Ignaz Simma, Biobauer und Politiker, Spitzenkandidat der Grünen bei der Landtagswahl in Vorarlberg 1984, Landtagsabgeordneter 1984–1989 und 1994–1999.

Simmel, Johannes Mario 114
(*1924, † 2009) Schriftsteller und Drehbuchautor.

Sinowatz, Fred 29
(*1929, † 2008) SPÖ-Bundeskanzler 1983–1986, Abgeordneter zum Nationalrat 1971–1983 und 1986–1988, Vizekanzler 1981–1983, Minister für Unterricht und Kunst 1971–1981.

Smolle, Karel 33, 47
Abgeordneter zum Nationalrat für das Liberale Forum 1998–1999 und für die Grünen 1986–1990, Minderheitensprecher im Grünen Parlamentsklub.

Srb, Manfred 33, 47, 51
(*1941, † 2022) Diplomierter Sozialarbeiter, Pionier der Selbstbestimmt-Leben-Bewegung, Abgeordneter zum Nationalrat für die Grünen 1986–1994, Behindertensprecher im Grünen Parlamentsklub.

Stainer-Hämmerle, Kathrin 156
Professorin für Politikwissenschaft an der Fachhochschule Kärnten seit 2009, analysiert für den ORF das politische Geschehen und Wahlen.

Stangel, Barbara 113, 115, 116, 117, 118
(*1956, † 2013) Gründungsmitglied und Sprecherin der Bürgerinitiative NETT (Nein zur Ennsnahen Transit-Trasse) bis 2013, Bezirkssprecherin der Grünen im Bezirk Liezen 1995–2006, Gemeinderätin für die „Alternative Liste Wörschach" (ALW) in der Gemeinde Wörschach 1990–2000.

Stark, Kilian 123
Abgeordneter der Grünen zum Wiener Landtag und Gemeinderat seit 2020, Sprecher für Mobilität und Planung.

Staudinger, Heinrich „Heini" 23
Kandidat bei der Präsidentschaftswahl 2022, Gründer des Schuhunternehmens GEA/Waldviertler im Jahr 1981, Gründer der Partei für Umweltschutz und Menschlichkeit (PUM) in Schwanenstadt im Jahr 1979.

Steyrer, Kurt 31
(*1920, † 2007) SPÖ-Kandidat bei der Präsidentschaftswahl 1986, Bundesminister für Gesundheit und Umweltschutz 1981–1985, Abgeordneter zum Nationalrat 1975–1983.

Stoisits, Terezija 51, 56, 57, 96, 97
Volksanwältin 2007–2013, Abgeordnete der Grünen zum Nationalrat 1990–2007.

Stronach, Frank 155
Unternehmer und Gründer des internationalen Autozulieferkonzerns Magna, Gründer der Partei Team Stronach, Abgeordneter zum Nationalrat Oktober 2013 bis Jänner 2014.

Tollmann, Alexander 26
(*1928, † 2007) Professor für Geologie an der Universität Wien sowie Umwelt- und Antiatomaktivist, Vorsitzender der „Vereinten Grünen Österreichs" (VGÖ) 1982–1983, Aktivist bei der „ARGE Nein zu Zwentendorf" gegen das Atomkraftwerk Zwentendorf in den 1970er-Jahren.

Tomaselli, Nina 159
Abgeordnete der Grünen zum Nationalrat seit 2019, Fraktionsführerin der Grünen im ÖVP-Korruptionsuntersuchungsausschusses Dezember 2021 bis April 2023, Bundessprecher-Stellvertreterin der Grünen seit 2019, Abgeordnete zum Vorarlberger Landtag 2014–2019.

Übelhör, Stefan 154
Unternehmer und Grüner Bürgermeister in Höchst, Vorarlberg, seit 2022.

Van der Bellen, Alexander 56, 57, 67, 68, 69, 70, 71, 79, 87, 132, 145, 146, 147, 153
Bundespräsident seit 2017, Abgeordneter der Grünen zum Nationalrat 1994–2012, Klubobmann der Grünen im Parlament 1999–2008, Bundessprecher der Grünen 1997–2008, Spitzenkandidat der Grünen bei den Nationalratswahlen 1999, 2002, 2006 und 2008, Abgeordneter zum Wiener Landtag und Gemeinderat 2012–2015, Professor für Volkswirtschaftslehre an der Universität Wien 1980–1999.

Vassilakou, Maria 79, 94, 145
Grüne Vizebürgermeisterin der Stadt Wien 2010–2019 und Stadträtin für Stadtentwicklung, Verkehr, Klimaschutz, Energieplanung und Bürger:innenbeteiligung. Abgeordnete zum Wiener Landtag und Gemeinderat 2004–2010, nicht-amtsführende Stadträtin 2001–2004, Abgeordnete zum Wiener Landtag und Gemeinderat 1996–2001, seit ihrem Ausscheiden aus der Politik selbstständige Beraterin für urbane Transformations-Strategien.

Voggenhuber, Johannes 23, 30, 32, 34, 39, 50, 51, 54, 56, 69, 73, 76, 78, 97
Abgeordneter der Grünen zum EU-Parlament 1995–2009, Abgeordneter der Grünen zum Nationalrat 1990–1996, Klubobmann 1990–1992, Stadtrat in Salzburg für die Salzburger Bürgerliste mit den Ressorts Stadtplanung, Altstadtsanierung, Verkehr, Umwelt, Bau und Gewerbe 1982–1987.

Vranitzky, Franz 31, 51, 137
SPÖ-Bundeskanzler 1986–1997, Bundesparteivorsitzender der SPÖ 1988–1997, Abgeordneter zum Nationalrat 1987, 1990, 1994 und 1996, Finanzminister 1984–1986.

Waldheim, Kurt 31, 45, 60, 135, 136, 137
(*1918, † 2007) Bundespräsident 1986–1992, Generalsekretär der UNO 1971–1981, ÖVP-Außenminister 1968–1970, als Bundespräsident international isoliert aufgrund der sogenannten Waldheim-Affäre, die dazu führte, dass seine Rolle in der NS-Zeit aufgearbeitet wurde.

Wallner, Stefan 84
Geschäftsführer des Bündnisses für Gemeinnützigkeit seit 2023, Kabinettschef im Ministerium für Kunst, Kultur, öffentlichen Dienst und Sport 2020–2022, Bundesgeschäftsführer der Grünen 2009–2016.

Walser, Harald 85
Mitglied des Landesvorstands der Vorarlberger Grünen bis 2021, Abgeordneter der Grünen zum Nationalrat 2008–2017, bildungs- und vergangenheitspolitischer Sprecher im Grünen Parlamentsklub.

Weisband, Marina 155
Politische Geschäftsführerin der Piratenpartei Deutschland Mai 2011 bis April 2012, Austritt aus der Partei im Jahr 2015, Wechsel zum Bündnis 90/ Die Grünen im Jahr 2018.

Weratschnig, Hermann 100
Abgeordneter der Grünen zum Nationalrat seit 2019, Verkehrssprecher im Grünen Parlamentsklub, Abgeordneter zum Tiroler Landtag und Zweiter Landtagspräsident 2013–2018.

Wiesenthal, Simon 137
(*1908, † 2005) Holocaust-Überlebender, Architekt und Publizist, Gründer des Dokumentationszentrums des Bundes Jüdischer Verfolgter des Naziregimes im Jahr 1961, zentraler Dokumentarist und Verfolger von NS-Tätern nach dem Ende des Naziregimes.

Wiesflecker, Katharina 92, 93
Grüne Landesrätin in Vorarlberg mit den Ressort Soziales, Frauen, Pflege, Kinder- und Jugendhilfe sowie Entwicklungszusammenarbeit seit 2014, Abgeordnete zum Vorarlberger Landtag seit 2003, stellvertretende Landessprecherin der Grünen Vorarlberg und Frauensprecherin der Grünen Vorarlberg.

Willi, Georg 98, 154
Grüner Bürgermeister von Innsbruck seit 2018, Abgeordneter zum Nationalrat 2013–2017, Abgeordneter zum Tiroler Landtag 1994–2013, Gemeinderat in Innsbruck 1989–1994.

Wöginger, August 118
ÖVP-Klubobmann im Parlament seit 2019, Bundesobmann des Österreichischen Arbeitnehmerinnen- und Arbeitnehmerbundes (ÖAAB) seit 2016, Abgeordneter zum Nationalrat seit 2002.

Wrabetz, Alexander 84, 138
Generaldirektor des ORF 2006–2021, kaufmännischer Direktor des ORF 1998–2006, Bundesvorsitzender des Verbandes Sozialistischer Student:innen Österreichs 1983–1984, organisierte den erfolgreichen Vorzugsstimmenwahlkampf von SPÖ-Kandidat Josef Cap für die Nationalratswahl 1983.

Zadić, Alma 62, 98, 141, 142, 160
Bundesministerin für Justiz seit 2020, Abgeordnete der Grünen zum Nationalrat Oktober 2019 bis Jänner 2020, Abgeordnete zum Nationalrat für die Liste Pilz 2017–2019.

Zaun, Fritz 16, 23
Gemeinderat der Grünen in Baden 1990–1995, Abgeordneter der Grünen zum Nationalrat Jänner bis November 1990, Gemeinderat der „Alternativen Liste Baden" 1980–1985.

Zehentmayr, Dieter 73
(*1941, † 2005) Karikaturist

Zinggl, Wolfgang 85
Abgeordneter der Liste Pilz zum Nationalrat 2017–2019, Abgeordneter der Grünen zum Nationalrat 2004–2017, Sprecher für Kultur und Minderheiten im Grünen Parlamentsklub.

Andreas Wabl

geboren 1951 in Graz, ist Mitbegründer der Grünen. Als die Grünen 1986 ins Parlament einzogen, war er einer ihrer ersten acht Abgeordneten. Von 1988 bis 1990 war er Klubobmann und bis 1999 Abgeordneter zum Nationalrat. Von 2007 bis 2008 arbeitete er als Klimaschutzbeauftragter von Bundeskanzler Alfred Gusenbauer. Er lebt mit seiner Familie auf einem Bauernhof in der Südsteiermark. Stephan Wabl ist sein Neffe.

Stephan Wabl

geboren 1979 in Graz, arbeitet als Journalist und Autor in Wien. Er hat internationale Politik in Paris und London studiert, bis 2021 war er Redakteur beim Nachrichtenmagazin profil. 2022 gewann er für seine Reportage über die bosnische Stadt Mostar den „Otto von Habsburg Prize for Journalism in Minority Protection and Cultural Diversity in Europe". Andreas Wabl ist sein Onkel.

FOTOBESCHREIBUNG

1. Protest gegen das Kraftwerk in der Hainburger Au (1984)
2. Einzug in das Parlament (1986)
3. Der erste Grüne in einem Landtag: Kaspanaze Simma (1984)
4. Die erste Klubobfrau der Grünen: Freda Meissner-Blau (1986)
5. Atomversuche, nein Danke! Madeleine Petrovic und Alexander Van der Bellen (1995)
6. Monika Langthaler, Terezija Stoisits und Johannes Voggenhuber protestieren gegen schärfere Asylgesetze (1991)
7. Andreas Wabl wehrt sich gegen Wasserverschwendung (1996)
8. Eva Glawischnig, Peter Pilz und Terezija Stoisits marschieren gegen die schwarz-blaue Regierung (2000)
9. Heinz Fischer, Andreas Wabl und das Neutralitätsgesetz (1998)
10. Theresia Haidlmayr fordert bessere Bedingungen für Zivildiener (2000)
11. Korruptionsaufdeckerin und Abgeordnete Gabriela Moser (2012)
12. Straßen-Wahlkampf: Wiener Vizebürgermeisterin Maria Vassilakou (2015)
13. Alexander Van der Bellen und Werner Kogler bei der Angelobung der schwarz-grünen Regierung (2020)
14. Fridays for Future in Aktion (2022)
15. Grüne an der Macht: Johannes Rauch, Alma Zadić, Werner Kogler, Leonore Gewessler und Sigi Maurer (2022)
16. Aktivistin Lena Schilling bei der Räumung des Protestcamps gegen den Lobautunnel (2022)

www.kremayr-scheriau.at

ISBN 978-3-218-01402-1

Copyright © 2023 by Verlag Kremayr & Scheriau GmbH & Co. KG, Wien

Alle Rechte vorbehalten

Coverfoto: Matthias Cremer

Alle Fotos picturedesk.com: 1. Erwin Schuh; 2. Gerhard Sokol/KURIER; 3. Votava/ brandstaetter images; 4. Bill Lorenz/APA-Archiv; 5. Kelly Schöbitz/APA; 6. Robert Newald; 7. Herbert Pfarrhofer/APA; 8. Roland Schlager/APA; 9. Hans Techt/APA; 10. Robert Jaeger/APA; 11. Herbert Pfarrhofer/APA; 12. Ulrich Schnarr/APA-Archiv; 13. Georges Schneider; 14. Martin Juen/SEPA.Media; 15. Johann Groder / EXPA; 16. Karl Schöndorfer

Umschlag, Typografie und Satz: Wahrstätter + Bertschler, buchgestaltung.at

Lektorat: Clara Schermer

Herstellungsleitung: vielseitig.co.at

Druck und Bindung: BALTO print, Lithuania

MIX
Papier aus verantwortungsvollen Quellen
FSC® C107574
www.fsc.org

III 9.

III 10.

III 11.

III 12.